L'ASSEMBLÉE PROVINCIALE

D'AUVERGNE

OUVRAGES DU MÊME AUTEUR.

Ephémérides du département du Puy-de-Dôme, ci-devant Basse-Auvergne, suivies d'une **Notice sur les Echaudés.** — 1 volume in-12. Paris, 1861.

Souvenirs de la Langue d'Auvergne. (Essai sur les idiotismes du département du Puy-de-Dôme). — 1 vol. in-12. Paris, 1861.

Quelques Réflexions sur les noms des rues et places publiques à Clermont-Ferrand. — Brochure in-8°. Clermont, 1865.

Les Fondateurs du Journal des Débats en 1789. — Brochure in-8°. Paris, 1865.

Révolution française. — Notes biographiques sur les Députés de la Basse-Auvergne (**Dom Gerle,** prieur de la Chartreuse du Port Sainte-Marie). — Brochure in-8°. Paris, 1866.

CHRONIQUES ET RÉCITS DE LA RÉVOLUTION

DANS LA CI-DEVANT BASSE-AUVERGNE

(DÉPARTEMENT DU PUY-DE-DÔME).

L'ASSEMBLÉE
PROVINCIALE

(1787-1790)

PAR

FRANCISQUE MÈGE

PARIS
AUGUSTE AUBRY, LIBRAIRE-ÉDITEUR
Rue Dauphine, 16.

1867.

PRÉFACE

Sous le titre de *Chroniques et Récits de la Révolution*, nous nous proposons de raconter dans une série de notices successives les différents incidents et épisodes qui se sont produits dans la Basse-Auvergne pendant la période révolutionnaire. Nous disons *Chroniques*, parce que l'histoire d'Auvergne finit, à proprement parler, avec les guerres religieuses. A dater de cette époque, et par l'effet du système de centralisation introduit avec l'institution des intendants, l'Auvergne, comme tous les pays d'Election, n'a plus d'existence propre, partant plus d'histoire. Son histoire, c'est l'histoire de toute la France. Les événements et les faits particuliers dont la province a été le théâtre, rentrent dès lors dans le domaine de la chronique.

Présenter la situation de la Basse-Auvergne au moment où éclata le grand mouvement de 1789, déterminer la part qu'elle a prise à ce mouvement, raconter succinctement de quelle manière elle a subi le contre-coup des événements survenus à Paris et dans le reste de la France, sous le régime des Assemblées nationales, suivre et retracer les événements particuliers qu'elle a vus s'accomplir depuis l'Assemblée des notables de 1787, marquer les progrès qu'elle a pu faire à partir de ce moment, au point de vue moral et politique, comme au point de vue industriel et agricole, indiquer enfin la part prise par les enfants du pays au mouvement politique et littéraire de l'époque : voilà le but auquel nous voudrions atteindre. La tâche est difficile et délicate, nous ne nous le dissimulons pas, et semée d'écueils de plus d'un genre, d'autant plus que l'entreprise est nouvelle, et n'a encore été, croyons-nous, abordée par personne. C'est presque un voyage de découvertes que nous entreprenons.

Premier explorateur appelé à frayer la route, nous ne nous présentons pas en historien, en narrateur consommé et disert, nous n'avons pas la prétention d'avoir tout vu, tout constaté, non plus que celle de tout raconter sans rien omettre, surtout en présence du fouillis de matériaux de toute nature, au milieu desquels il a fallu nous débrouiller. Notre ambition n'est pas si grande; et nous nous déclarerons amplement satisfaits si quelque critique impartial, s'occupant de notre œuvre, veut bien en dire ce qui a été dit de l'histoire de Louvois, de M. Rousset :

« On ne peut contester à ces récits trois mérites éga-
» lement rares; ils sont nouveaux, ils sont authentiques,
» ils sont vivants. »

Pour cette reconstitution de la *Chronique révolutionnaire du département du Puy-de-Dôme,* nous avons eu et nous aurons encore recours à bien des documents imprimés ou manuscrits.

Au début de notre publication, nous tenons à payer une dette de reconnaissance en remerciant publiquement toutes les personnes qui ont bien voulu nous laisser consulter les papiers et livres en leur possession. M. Cohendy, archiviste du département, M. Alphonse du Corail qui, mieux que d'Hozier peut-être, connaît la filiation et les attaches généalogiques des familles d'Auvergne, M. Gaultier de Biauzat, avocat, et M. Vimont, bibliothécaire de la ville de Clermont, notamment, voudront bien nous permettre de signaler ici l'extrême bienveillance dont ils ont fait preuve en nous communiquant toutes les pièces et documents dont ils avaient la disposition.

Janvier 1867.

INTRODUCTION.

Dès le XIIIe siècle, presque toutes les provinces de France, l'Auvergne comme les autres (1), avaient eu des Etats particuliers chargés d'administrer les affaires locales et de consentir librement les impôts demandés par les rois. Ces Etats avaient fonctionné à peu près sans encombre jusqu'au XVIe siècle. Dès François Ier, on visa à laisser tomber l'institution en désuétude. Depuis que l'impôt de temporaire était devenu fixe, depuis que le pouvoir royal, vainqueur de la féodalité, s'était affermi, les Etats provinciaux étaient devenus, sinon inutiles, du moins fort gênants. On voulut s'en débarrasser. Richelieu surtout, le grand centralisateur, porta un rude coup à ces derniers gardiens de l'indépendance provinciale. La plupart des Etats provinciaux disparurent, les uns, supprimés purement et simplement pour s'être rendus coupables de quelque remontrance respectueuse mais intempestive ; les autres, non convoqués et par suite tombés dans l'oubli, grâce à la connivence évidente du Gouvernement.

Les provinces, ainsi privées de leurs Etats, furent administrées plus ou moins arbitrairement et despotiquement par des

(1) Sur les Etats provinciaux d'Auvergne. Voir aux Pièces justificatives, no VIII, un Mémoire de la municipalité de Clermont.

commissaires royaux désignés sous le nom d'*intendants de justice, police et finances* (1), et prirent le nom de *pays d'élection* (2).

Quant aux provinces qui conservèrent leurs Etats et qu'on désignait sous le nom de *pays d'Etats* (3), plus heureuses en apparence que leurs voisines, elles ne jouissaient pas en réalité d'une plus grande liberté et de priviléges moins illusoires. Les intendants étaient les véritables meneurs de ces Etats. Par l'intimidation et l'intrigue, par l'argent et les cabales, ils dirigeaient les délibérations et les votes à peu près comme ils l'entendaient. Il suffit de lire la *Correspondance administrative sous Louis XIV*, publiée par M. Depping, pour voir à quel degré d'humiliation et d'abaissement était tombée cette institution jadis si respectée, et combien elle était ravalée et méprisée par les gouvernants. Qu'on nous permette une seule citation à l'appui. Il s'agit d'une lettre écrite, le 5 juillet 1675, par Louvois, au président du Conseil provincial d'Artois : « Le » Roi, écrit le hautain ministre, le Roi ayant besoin pour le 20 » de ce mois à Arras de 9000 paysans avec chacun une besche » ou louchet pour s'en servir lorsque S. M. l'estimera à propos,

---

(1) Le premier intendant envoyé en Auvergne fut, croyons-nous, Robert Miron, le même qui aux Etats généraux de 1614 prit si chaudement, de concert avec Savaron, la défense des intérêts du Tiers-Etat. Mais ses pouvoirs étaient loin d'être aussi étendus que ceux des intendants de Louis XIV et de ses successeurs. C'était plutôt une sorte de *missus dominicus*, ou, pour parler le langage moderne, une sorte d'*inspecteur général*. D'après les notes de Dulaure, ce serait en 1599 que Miron aurait été envoyé en Auvergne comme intendant. — Pour la chronologie des intendants d'Auvergne on peut consulter le *Mémoire sur l'administration*, etc., par M. Michel Cohendy.

(2) Une *élection* était autrefois une circonscription soumise à la juridiction financière de magistrats, appelés *élus*. — La création des *élus* remontait aux Etats généraux de 1356.

(3) Les pays d'Etats existant à la fin du 18e siècle étaient :
La Bretagne, — la Flandre, — l'Artois, — la Bourgogne, — le Languedoc, — la Provence, — le Comté-de-Foix, — le Bigorre, — le Béarn, — le Dauphiné et quelques petits pays des Pyrénées.

» et 600 charrois, je vous envoie une depesche adressante
» aux députés des Etats d'Artois par laquelle elle ordonne
» de les faire assembler pour ce temps-là. Vous tiendrez la
» main à ce qu'ils y satisfassent ; et si vous y trouviez la moin-
» dre difficulté, S. M. désire que vous fassiez l'imposition
» vous-même sans écouter aucune réplique, parce que comme
» elle vous charge de l'exécution de son intention à cet égard,
» elle ne pourrait pas s'empêcher de s'en prendre à vous si
» elle apprenait qu'elle n'aurait pas le secours qu'elle s'at-
» tend de tirer d'Artois... »

En somme, pays d'Etats et pays d'Election étaient au commencement du règne de Louis XVI entièrement dans la main du Gouvernement et de ses agents. Contributions consenties par les Etats, ou imposées directement sans discussion et sans contrôle, dépendaient également du bon plaisir du roi. La volonté royale était observée à peu près partout et presque toujours avec une égale servilité.

Cependant l'absorption et la suppression des Etats provinciaux n'avaient pu s'opérer sans exciter des récriminations. Timides d'abord, ces récriminations étaient devenues plus vives dans le cours du XVIIIe siècle, à mesure que les idées étendaient leur horizon. Les philosophes, les économistes leur prêtaient maintenant le concours de leurs études et de leurs écrits. L'opinion publique réclamait une émancipation et demandait que la Nation prît un peu part à ses propres affaires. Or, on commençait au début du règne de Louis XVI à compter avec l'opinion publique.

Obéissant à ce courant, obéissant aussi à ses propres idées, un ancien intendant de Limoges, Turgot, devenu ministre, rédigea un plan pour la formation d'Assemblées locales dans chaque province, avec une Assemblée générale pour tout le royaume. Mais attaqué par les courtisans, ennemis nés de toute réforme, mal soutenu par un roi bien intentionné mais faible, Turgot quitta le ministère sans avoir pu mettre son plan à exécution. Necker fut plus heureux tout d'abord. S'appropriant les projets de Turgot en les modifiant, il fit rendre, le 12 juillet 1778, un arrêt du Conseil qui instituait une Assemblée provinciale dans le Berry.

Voici comment, dans le Mémoire qui précéda l'édit, Necker définissait les attributions de ces Assemblées dont il proposait la création :

« Il est sans doute des parties d'administration qui, tenant
» uniquement à la police, à l'ordre public, à l'exécution des
» ordres de Votre Majesté, ne peuvent jamais être partagées
» et doivent, par conséquent, reposer sur l'intendant seul;
» mais il en est aussi, telles que la répartition et la levée des
» impositions, l'entretien et la construction des chemins, le
» choix des encouragements favorables au commerce, au tra-
» vail en général et aux débouchés de la province en particu-
» lier, qui, soumises à une marche plus lente et plus cons-
» tante, peuvent être confiées préférablement à une commis-
» sion composée de propriétaires, en réservant à l'intendant
» l'importante fonction d'éclairer le Gouvernement sur les dif-
» férents règlements qui seraient proposés. »

L'Assemblée du Berry, qui se réunit le 5 octobre 1778, sous la présidence de M. de Phelypeaux, archevêque de Bourges, ayant parfaitement rempli les vues de ses fondateurs, et les membres de tous les ordres ayant mis une généreuse émulation à étudier et résoudre les questions proposées, Necker institua l'année suivante, dans la Généralité de Montauban, une autre Assemblée provinciale qui n'eut pas moins de succès.

Encouragé par ces deux tentatives heureuses, il voulut créer deux autres Assemblées à Moulins et à Grenoble. Mais il ne put réussir. Ces Assemblées provinciales étaient trop nuisibles à l'autorité et aux intérêts des intendants et des courtisans, et faisaient trop d'ombrage aux membres des cours souveraines pour être admises sans opposition. Necker eut beau lutter, il ne fut pas le plus fort. En butte aux attaques incessantes de tous les partisans des anciens abus, il dut à son tour quitter le ministère.

Les Assemblées du Berry et de la Haute-Guienne lui survécurent, prouvant par leurs actes la sagesse de leur fondateur et l'utilité de l'institution.

Quelques années plus tard, alors que l'ancien régime semblait à tous déjà frappé de mort, alors que la monarchie aux abois, tombant de Calonne à Brienne, inventait expédient sur expédient pour remplir ses coffres et retarder la Révolution que tous pressentaient déjà, la question de l'institution des Assemblées provinciales fut reprise par le Gouvernement. Les ministres Calonne et, après lui, Loménie de Brienne, soumirent à l'Assemblée des Notables, en 1787, et lui firent adopter un édit portant création d'Assemblées provinciales dans tous les pays d'Election, avec des Assemblées secondaires ou d'arrondissement et des Assemblées de municipalité. En vertu de cet édit, des Assemblées provinciales furent instituées dans 23 Généralités.

Mais si aux yeux de Turgot et de Necker la création d'Assemblées provinciales était une réforme, une amélioration politique, il n'en fut pas de même pour les ministres qui vinrent compléter leur tentative. Il y avait un abîme entre l'auteur et ses continuateurs, entre le protestant philanthrope Necker et des hommes sans moralité tels que Calonne et l'archevêque de Toulouse Brienne. Pour Necker, l'institution des Assemblées provinciales était un pas dans la voie du progrès social et politique de la France. Pour Calonne et Brienne, ce ne fut qu'un expédient. L'opinion publique revendiquait la réunion des Etats généraux ; on voulut lui donner satisfaction dans une certaine

mesure, afin de pouvoir, en la calmant pour un temps, puiser encore impunément dans les coffres de la Nation. « C'est ou-
» trager la Nation, écrivit alors le futur journaliste Carra, que
» de lui proposer, en l'absence des Etats généraux qui tiennent
» à sa constitution, de consentir à refondre cette constitution
» en Assemblées provinciales dont la véritable qualité serait
» celle de caisses d'emprunt, au gré du contrôleur général (1). »

L'édit de 1787 fut la bribe de pain lancée en pâture à l'opinion affamée, pour faire taire ses cris et ses doléances. Mais personne ne fut dupe. Aussi la faveur avec laquelle le public éclairé accueillit cette résurrection des Assemblées de Necker, ne fut-elle pas, comme au temps de ce ministre, exempte de défiance. On acceptait bien le don, mais on ne croyait pas à la sincérité et au désintéressement des donateurs. Cela se vit bien au revirement d'opinion qui se produisit dans l'intervalle de l'Assemblée préliminaire à l'Assemblée complétée, à la froideur qui accompagna les premières séances des Assemblées entières (2), cela se vit bien aussi à la curiosité jalouse avec laquelle on dévora les procès-verbaux des séances, à la vivacité peu bienveillante que mirent à apprécier les résolutions de l'Assemblée, ceux mêmes qui dans le principe lui étaient le plus favorables.

« A mon premier voyage en Auvergne, en 1787, dit Le-
» grand d'Aussy, j'ai vu l'espérance exaltée se promettre de
» cet établissement une régénération. A mon second, l'enthou-
» siasme s'était bien ralenti. On se plaignait des entraves qui
» avaient été données à l'Assemblée, de sa puissance trop cir-

---

(1) Extrait d'un pamphlet intitulé : *M. de Calonne tout entier.*

(2) « L'Assemblée provinciale s'est tenue le 8 novembre (1787). Elle n'a pas
» fait *une sensation bien grande.* M. de BEAUNE et M. de LAFAYETTE tenaient
» maison. » (Journal de M. Jean TIOLIER, avocat à Clermont. — *Manuscrit de la Bibliothèque de Clermont.*)

» conscrite et par conséquent du peu de bien qu'il lui avait
» été permis de faire ou d'indiquer. On se plaignait du choix
» de quelques membres, du peu de désintéressement et de
» patriotisme qu'avaient montré plusieurs d'entre eux et des
» appointements qu'ils avaient demandés et obtenus ; de sorte
» que la contrée, au lieu d'éprouver un allégement, se trou-
» vait, au contraire, par les frais de tenues particulières
» ou générales, surchargée annuellement d'une somme de
» 74,100 livres (1). »

Du reste, plusieurs années s'étaient écoulées depuis le ministère de Necker ; et ce qui était alors le but extrême des désirs ne suffisait plus à contenter. Ce n'était plus seulement un simulacre d'Etats provinciaux qu'on exigeait, ce n'étaient plus des Assemblées locales, hostiles souvent les unes aux autres, sans lien pour les rapprocher dans l'intérêt général, c'était une grande manifestation nationale, c'était la réunion des Etats généraux qu'il fallait à la France agitée et avide d'une vie nouvelle.

Nous n'avons pas le projet de présenter ici la relation des opérations des Assemblées particulières de toutes les provinces. Ce travail d'ensemble vient d'être fait non sans talent par un membre de l'Institut, M. de Lavergne. Nous voulons seulement, à l'aide du procès-verbal imprimé et des documents inédits que possèdent les archives du Puy-de-Dôme, tracer l'historique de l'Assemblée provinciale d'Auvergne et faire connaître ses travaux, ses tendances et ses aspirations. Il ne peut être question de résultats obtenus. Il n'y eut qu'une seule session, et la réunion des Etats généraux ne laissa pas aux fruits

---

(1) Voyage fait en 1787 et 1788 dans la ci-devant Haute et Basse-Auvergne, tome I.

que cette session pouvait produire, le temps d'arriver à maturité. Il en fut de même à peu près partout. Ce fut malheureux pour la monarchie que la réussite des Assemblées aurait pu consolider en l'éclairant et lui traçant de nouvelles voies, malheureux aussi pour la France qui, peut-être, aurait pu accomplir sa révolution, non point tranquillement sans doute, mais sans passer par les mauvais jours de la Terreur.

CHRONIQUES & RÉCITS DE LA RÉVOLUTION

DANS LA CI-DEVANT BASSE-AUVERGNE.

L'ASSEMBLÉE PROVINCIALE

D'AUVERGNE

(1787-1790)

PREMIÈRE PARTIE.

Formation de l'Assemblée Provinciale. — Assemblée préliminaire. — Premières réunions des Assemblées d'Election.

CHAPITRE Ier.

Création de l'Assemblée Provinciale.

Dès que la nouvelle d'un projet de création d'Assemblées provinciales dans chaque Généralité eut transpiré dans le public, il y eut dans beaucoup de provinces assaut d'intrigues au sujet du lieu des séances de ces assemblées. Les principales villes se disputèrent l'honneur de les posséder. Chacun présentait des combinaisons plus ou moins intéressées : les uns, pour donner satisfaction à chacune des prétentions rivales, voulaient des Assemblées ambulatoires, une façon d'administration mobile, itinérante, dont le siége fût tantôt dans une ville, tantôt dans une autre. D'autres demandaient une Assemblée particulière pour chaque fraction de province. Si l'on eût voulu écouter toutes ces observations divergentes et se prêter à toutes ces exigences locales, il eût été impossible d'arrêter un projet général et définitif.

L'Auvergne ne fut pas exempte de ces intrigues. Riom et Clermont, toujours en hostilité, se disputèrent le droit de posséder la nouvelle administration (1). Dans le haut pays, bon nombre de gentilshommes, et, à leur tête, M. de Sistrières, réclamèrent deux assemblées, l'une pour la Basse, l'autre pour la Haute-Auvergne. D'autres, surtout M. de Simiane, présentèrent à l'intendant qui, s'il l'eût pu, aurait certainement exaucé leur vœu, un Mémoire tendant à démontrer l'inutilité des Assemblées provinciales (2). Les propositions les plus opposées se produisaient, les influences les plus contradictoires cherchaient à s'exercer.

Grâce à l'appui de M. de Lafayette, grâce aussi aux démarches du maire de la ville d'Aurillac (M. Leigonyer de Pruns), qui craignait, si une Assemblée spéciale était indiquée pour la Haute-Auvergne, de la voir fixer dans une ville rivale, à Saint-Flour, une seule Assemblée fut décrétée pour la Généralité de Riom, et le siége en fut établi à Clermont. Cette ville était en effet la plus importante de la province par sa population, son commerce et sa position; et elle faisait valoir en sa faveur son titre de lieu habituel de réunion des anciens Etats de la province. De plus, l'intendant y faisait sa résidence effective, quoiqu'elle ne fût pas le chef-lieu de la Généralité.

L'édit de création parut et fut enregistré au Parlement le 22 juin 1787.

Le règlement particulier pour l'Assemblée d'Auvergne fut arrêté les 8 juillet et 5 août suivants. Plus tard, on le fit suivre

---

(1) A son retour de l'Assemblée des Notables, M. REBOUL, maire de Clermont, fit parvenir aux Ministres un mémoire rédigé par M. BONARME, échevin, dans le but d'obtenir la tenue des Assemblées provinciales dans la ville de Clermont, *capitale de la province, siége épiscopal, centre du commerce et représentant le tiers état de la province.* (Procès verbal de l'Assemblée de conseil de ville, du 30 juillet 1787. — Voir aux Pièces justificatives, n° I.)

(2) Mémoires de M. de MONTLOSIER.

d'instructions détaillées qui furent remises par l'intendant à la réunion de l'Assemblée du mois de novembre 1787.

Voici sommairement les principales dispositions de ces règlements et instructions, qui furent, à peu de chose près, les mêmes pour toutes les provinces :

L'Administration de la province d'Auvergne sera divisée en trois espèces d'Assemblées : 1°. Les *Assemblées municipales* qui se tiendront dans les villes et paroisses qu'elles représentent. 2°. Les *Assemblées d'élection* qui se tiendront dans chacun des chefs-lieux des sept élections de la Généralité, Clermont, Riom, Issoire, Brioude, Saint-Flour, Aurillac et Mauriac. 3°. L'*Assemblée provinciale* qui aura son siége à Clermont. Toutes ces Assemblées seront électives.

« Elles seront élémentaires les unes des autres, en ce sens
» que les membres de l'Assemblée de la province seront choisis
» parmi ceux des Assemblées d'élection, et ceux-ci pareillement
» parmi ceux qui composent les Assemblées municipales. »

ASSEMBLÉES MUNICIPALES. — *Formation*. — Chaque paroisse aura son Assemblée municipale présidée par le seigneur, et, en son absence, par le syndic.

Celles qui ont déjà des Assemblées, les conserveront sans modifications pour le présent; celles qui n'en ont pas en formeront une qui sera composée, outre le seigneur et le curé, membres de droit, de trois, six ou neuf membres, suivant que la paroisse comptera cent, deux cents feux ou plus. Chaque Assemblée aura de plus un syndic chargé de l'exécution de ses résolutions.

Le syndic et les membres de l'Assemblée seront élus au scrutin en Assemblée générale de la paroisse. Seront électeurs, tous les contribuables, quels qu'ils soient, qui paieront au moins dix livres d'impôt foncier ou personnel. Sera éligible, toute personne, noble ou non, âgée de 25 ans, domiciliée dans la paroisse depuis un an au moins, et payant au moins trente livres d'impôt.

Cette Assemblée de paroisse se tiendra tous les ans le premier dimanche d'octobre, et, la première année (1787), par exception, le deuxième dimanche d'août.

Au bout de trois ans d'existence, l'Assemblée municipale se renouvellera par tiers, chacune des années 1791, 1792 et 1793.

Fonctions. — L'Assemblée municipale est chargée de la répartition et de la collecte des impôts auxquels la paroisse est assujettie, d'après les mandements arrêtés par l'Assemblée d'élection ou sa commission intermédiaire. Elle est chargée aussi d'examiner, surveiller et demander tout ce qui peut intéresser la paroisse ou communauté : réparations, constructions, dégrèvements, etc.

ASSEMBLÉES D'ÉLECTION. — *Formation*. — Chaque élection aura une Assemblée particulière. Ces Assemblées seront composées, savoir : celles de Clermont, Riom, Issoire, Brioude et Saint-Flour de vingt personnes ; celles d'Aurillac et de Mauriac de seize personnes. Moitié des membres sera prise parmi les députés des villes et paroisses, et moitié, par égale portion, parmi le clergé et la noblesse.

Pour être membre de l'Assemblée d'élection, il faudra avoir été membre d'une Assemblée municipale.

Chaque élection sera divisée, savoir : celles de Clermont, Riom, Issoire, Brioude et Saint-Flour, chacune en cinq arrondissements ; celles d'Aurillac et de Mauriac en quatre. Ces arrondissements enverront quatre députés chacun à l'Assemblée d'élection. Ces députés seront nommés par une Assemblée représentative des paroisses de chaque arrondissement, ladite Assemblée composée des seigneurs, curés et syndics, plus de deux électeurs pris dans l'Assemblée municipale. C'est-à-dire que chaque paroisse fournira cinq électeurs.

Pour la première Assemblée d'élection, le système général ne fonctionnant pas encore, la moitié des membres sera nommée par l'Assemblée provinciale, et cette première moitié désignera elle-même l'autre moitié qui la complétera.

Une fois formées, les Assemblées d'élection resteront composées des mêmes personnes pendant trois ans. Passé ce temps, elles se renouvelleront par quart par la voie du sort à partir de 1791.

Les présidents seront nommés par le roi et choisis parmi les membres des deux premiers ordres.

Dans les réunions, les ecclésiastiques sont à la droite du président, la noblesse à gauche et le tiers-état en face. Les délibérations ont lieu en commun. Les voix sont prises par tête. Le président, qui vote le dernier, a voix prépondérante en cas de partage.

Chaque Assemblée d'élection aura *deux procureurs syndics* nommés pour trois ans, l'un par le clergé et la noblesse, l'autre par le tiers-état; et *une commission intermédiaire*, composée de quatre membres, deux du tiers, un du clergé et un de la noblesse. Cette commission est chargée, de concert avec les procureurs syndics, de veiller à l'exécution de toutes les mesures décidées par l'Assemblée.

Fonctions. — L'Assemblée d'élection est chargée de répartir, entre les diverses paroisses, les impositions ordonnées par le roi. Elle sert de lien, pour la correspondance, entre les Assemblées municipales et l'Assemblée provinciale. Elle délibère sur tout ce qui peut intéresser l'élection, et elle fait faire l'adjudication des ouvrages décidés par elle.

ASSEMBLÉE PROVINCIALE. — *Formation.* — L'Assemblée provinciale d'Auvergne se réunira, la première fois, le 14 août 1787. Elle sera composée, pour la première réunion, de six ecclésiastiques, six seigneurs laïques, au nombre desquels M. le vicomte de Beaune, que le roi nomme président, et douze représentants du tiers-état. Ces vingt-quatre membres désignés par le roi, une fois réunis, désigneront eux-mêmes vingt-quatre autres membres, dont douze du tiers-état et douze des deux premiers ordres, de manière à former le nombre de quarante-huit membres, chiffre total de l'Assemblée. Cette Assemblée préliminaire désignera aussi la moitié des membres de chaque Assemblée d'élection.

L'Assemblée provinciale nommera, comme les Assemblées d'élection, deux procureurs syndics et une commission intermédiaire.

Ainsi constituée, l'Assemblée durera trois ans. Ce temps

écoulé, elle se renouvellera par quart par voie d'élection.

Fonctions. — Les attributions principales de l'Assemblée provinciale d'après les règlements et instructions, sont :

1°. De chercher à améliorer la répartition des impôts et à adoucir le mode de recouvrement jusque-là trop rigoureux.

2°. Voter chaque année, après délibération, les sommes nécessaires pour les frais d'administration, les indemnités ou décharges, la construction et l'entretien des routes et travaux dans l'intérêt de la province, etc.

3°. Procéder à l'adjudication, à la direction et à la réception des travaux exécutés sur les fonds de la province.

4°. Délivrer des mandats pour l'acquittement des charges locales.

5°. Délibérer, s'il y a lieu, de solliciter auprès du roi un abonnement pour l'impôt des vingtièmes.

6°. Délibérer sur tout ce qui peut intéresser la province, et transmettre dans ce but au conseil du roi toute proposition ou mémoire.

7°. etc.

Régime intérieur de l'Assemblée. — Le président partagera l'Assemblée en quatre bureaux : bureau de l'impôt ; bureau des fonds et de la comptabilité ; bureau des travaux publics ; bureau de l'agriculture, commerce et bien public. Néanmoins, s'il y a lieu de discuter une affaire importante, une commission spéciale pourra être nommée.

Les délibérations de l'Assemblée, pour son régime intérieur, seront exécutées provisoirement. Mais nulle délibération à exécuter hors de l'Assemblée n'aura d'effet qu'elle n'ait été spécialement approuvée par le roi.

Aucun député ne peut faire de motion ou proposition sans en avoir prévenu le président, et sans avoir communiqué sa motion au bureau compétent.

Les procès-verbaux des séances de l'Assemblée seront livrés à l'impression de manière à être rendus publics quinze jours après la clôture.

Commission intermédiaire. — La commission intermédiaire, sans pouvoirs pendant que l'Assemblée est réunie, rentre en activité immédiatement après la séparation des membres. Elle représente seule l'Assemblée provinciale, et a un caractère public à cet effet. Elle statue : sur les demandes en décharge d'impôts ; sur les pourvois formés contre les taxes d'office, etc. Elle surveille l'exécution des décisions de l'Assemblée provinciale, qu'elle remplace même en beaucoup de cas.

Le président de l'Assemblée est aussi, de droit, le président de la commission.

Procureurs syndics. — A chaque nouvelle session de l'Assemblée, les procureurs syndics doivent présenter un rapport par matières des objets dont la commission intermédiaire s'est occupée depuis la dernière session. Pendant la réunion de l'Assemblée, ils assistent aux séances avec voix consultative ; mais ils ont voix délibérative à la commission intermédiaire. Toutefois, ils n'ont à eux deux qu'une seule voix prépondérante en cas de partage. Si leurs opinions diffèrent, leurs voix se détruisent et ne doivent pas être comptées.

Ils doivent prendre communication des rapports délibérés dans les bureaux et présenter des observations s'il y a lieu.

Chaque jour après la séance, ils doivent faire remettre au commissaire du roi une notice succincte des objets qui auront été discutés ou délibérés dans l'Assemblée, pour que le commissaire du roi soit assuré qu'il ne s'y traite aucune matière étrangère aux objets dont elle doit s'occuper. Ils ne peuvent intervenir dans aucune affaire que de concert avec la commission intermédiaire.

Fonctions de l'intendant ou commissaire du roi. — L'intendant remplit, auprès de l'Assemblée provinciale, les fonctions de commissaire du roi. C'est lui qui est chargé de faire l'ouverture et la clôture des sessions. Aucune délibération ne peut être prise par l'Assemblée avant qu'il en ait fait l'ouverture.

Il est chargé de transmettre à l'Assemblée les instructions du roi, et de lui fournir tous les renseignements qui sont nécessités par les délibérations.

Il reste chargé de la police et de tout le contentieux qui peut concerner l'administration. Il procède seul à l'adjudication, direction et réception des ouvrages exécutés sur les seuls fonds du roi.

Les pouvoirs de l'intendant se trouvaient ainsi considérablement amoindris, et l'on peut dire même presque annulés par ceux conférés à l'Assemblée provinciale ; et ce fonctionnaire, naguère encore si puissant, se trouvait réduit à n'être qu'une sorte de surveillant chargé de maintenir les nouvelles Assemblées dans les termes des règlements et de servir d'intermédiaire entre le Gouvernement et ces Assemblées.

L'analyse que nous venons de faire de la constitution des Assemblées provinciales, suffit à montrer combien, sous l'influence non encore éteinte, de Turgot, de Necker et de leurs adhérents, le Gouvernement lui-même était entraîné dans la voie des améliorations. N'était-ce pas, en effet, un grand progrès réalisé que de faire participer à l'administration publique les gens des campagnes si sacrifiés jusque-là, et d'avoir inscrit dans les lois le doublement du Tiers et la délibération des trois ordres *en commun et par tête ?* Ces innovations, œuvre de Necker, qui les avait fait établir lors de la création de la première Assemblée provinciale (celle du Berry), en 1778, ces innovations qui devaient deux ans après soulever tant d'orages aux Etats généraux, ne donnèrent lieu alors à aucune protestation, à aucune résistance sérieuse.

Toutefois l'établissement des nouvelles Assemblées blessait trop profondément les habitudes, les préjugés et les intérêts des deux premiers ordres pour qu'il fût accepté sans aucun mécontentement. Nous avons déjà vu que bon nombre de gentilshommes avaient essayé d'empêcher l'implantation en Auvergne de cette réforme administrative. Ils n'étaient pas seuls. Leur hostilité était soutenue, excitée peut-être, avec une ardeur mal déguisée, par les hauts fonctionnaires et surtout par les intendants dont le pouvoir se trouvait considérablement diminué par la nouvelle institution. Cela se comprend du reste. D'instinct, on ne voit pas volontiers surgir à ses côtés un puissant rival. Quand on a occupé le premier rang, on ne descend pas, sans mot dire, à un rang subalterne. Mais c'était l'ordre du roi. Un loyal serviteur ne pouvait que s'incliner et se résigner, au moins en apparence ; sauf à préparer les voies pour arriver à compromettre d'abord l'ennemi, à le renverser ensuite.

Voulant connaître à fond ce qu'ils avaient à craindre et ce qu'ils pouvaient espérer dans la phase nouvelle où allait entrer l'administration provinciale, plusieurs intendants s'informèrent auprès de leurs collègues des Généralités où les Assemblées provinciales créées en 1778 avaient survécu. On correspondit secrètement et les renseignements obtenus circulèrent parmi les familiers, d'intendance en intendance. Ces correspondances sont des plus curieuses et des plus intéressantes.

La lettre suivante, dont nous avons trouvé copie dans les archives départementales (1) fut communiquée à M. de Chazerat, intendant d'Auvergne :

Extrait d'une Lettre sur les Assemblées provinciales, écrite le 3 août 1787, d'une province dans laquelle il y en a une établie depuis plusieurs années.

« Ce que vous me faites l'honneur de m'écrire de votre As-
» semblée provinciale ne me surprend point du tout, et je
» n'ai jamais eu une bonne idée de ces institutions-là : parce
» que ce n'est point l'Assemblée qui imagine et exécute ; ce
» sont deux ou trois faiseurs qui, n'ayant pas le premier élé-
» ment d'administration, font et entreprennent, d'après leurs

---

(1) Archives départementales. — *Fonds de la commission intermédiaire.* — Liasse *Correspondance.* A cette copie est annexée la lettre suivante :

A Monsieur l'Intendant d'Auvergne, à Clermont.

« J'ai l'honneur d'adresser à M. l'Intendant la lettre sur l'administration du
» Berry qu'il a eu la bonté de me communiquer. Je le prie d'en recevoir mes
» remerciements...
» Villeneuve, 14 septembre 1787.   DUFOUR DE VILLENEUVE. »

» très-courtes lunettes, des choses qui, si elles ne sont pas
» absurdes, sont inutiles, mais toujours très-dispendieuses. Et
» c'est le malheureux public qui paie ce produit de la pré-
» somption, de l'ineptie et de l'impolitique de ces petits mes-
» sieurs qui, lors des Assemblées, présentent toujours leur
» besogne sous le meilleur point de vue qu'ils ont pu choisir.
» Deux ou trois soi-disant orateurs se relayent pour débiter
» des phrases plus ou moins sonores qu'ils ont cousues ou fait
» coudre ensemble bien ou mal. Le temps de l'Assemblée se
» passe, et chacun s'en va sans avoir rien fait ni être plus ins-
» truit qu'auparavant. Oh! mais, disent ces messieurs, nous
» faisons des chemins. Belle merveille de faire des chemins
» avec de l'argent! Les intendants aussi en auraient fait et
» chaque province ne serait pas grevée de tous les frais que
» coûtent ces établissements, frais qui resteront imposés lors
» même qu'on les supprimera. Où en sera-t-on pour cela et
» pour l'argent qu'ils auront gaspillé? Car je suis tenté de
» croire que le Gouvernement n'a rendu ces nouvelles admi-
» nistrations si compliquées que pour les congédier lorsque le
» frottement les aura rendus impraticables et ridicules. Quel
» bien, en effet, peut-on attendre des formations dangereuses
» dont vous me parlez? Et il en sera de même partout. Ainsi,
» s'il était possible que ces cohues subsistassent, je tiendrais
» en moins de dix ans la constitution du royaume renversée
» de fond en comble. Il suffisait, à ce qu'il semble, dès qu'on
» était déterminé à faire les routes avec de l'argent, d'en
» faire surveiller l'emploi et les adjudications et laisser au temps
» à éclairer sur les abus s'il s'en introduisait. D'ailleurs on n'a
» pas suffisamment considéré le danger pour l'autorité souve-
» raine, résultant de ces Assemblées qui envelopperont tout le
» royaume. Pour moi, j'en demande pardon au ministre, je
» n'y vois qu'une foule d'abus. M. Necker n'était qu'un char-
» latan, qu'un homme d'argent, que Mirabeau a démasqué.
» J'ai eu des rapports avec lui, et jamais je ne l'ai considéré
» comme un bon administrateur. Il a fait plus de mal qu'on

» ne pense par les administrations provinciales et par les em-
» prunts (1). »

(Point de signature.)

Cette lettre, écrite vraisemblablement par un ancien intendant ou par un des principaux fonctionnaires de l'intendance du Berry, exprime une mauvaise humeur, un mauvais vouloir que tous les intendants ou presque tous ressentaient à un degré plus ou moins grand, plus ou moins apparent, mais non moins réel contre les Assemblées provinciales. Et elle indique clairement combien peu ces Assemblées trouveraient de coopération parmi les anciens administrateurs.

Mais si les administrations nouvelles n'étaient pas en faveur auprès des intendants et d'une partie des ordres privilégiés, en revanche le barreau, la bourgeoisie presque entière, et en général tous les hommes à la fois éclairés et modérés, les accueillirent tout d'abord avec un empressement que l'espérance d'améliorations successives rendait plus vif encore.

Quant au peuple, en Auvergne du moins, il assistait à tous ces essais, à tous ces tiraillements, tranquillement, en curieux plutôt qu'en intéressé. Il avait été trop souvent trompé par ces édits mensongers qui commençaient toujours par des vues bienfaisantes, par des paroles de conciliation et de bienveillance, par des considérations sur les moyens de porter remède aux maux dont souffrent *nos bons et amés sujets* et qui finissaient le plus souvent par l'établissement d'une nouvelle charge, d'un nouvel impôt, par l'aggravation des misères antérieures. Il n'avait plus confiance le peuple. Jacques Bonhomme avait revêtu l'incrédulité de Thomas. Le féal sujet n'ajoutait plus foi à

---

(1) Cette lettre est accompagnée de la note suivante, émanée probablement de l'Intendant ou de son secrétaire :

« M. LABARTHE (un des employés de l'intendance) voudra bien faire une
» lettre pour M. DAVAUX, pour le remercier de son attention à envoyer à M. l'in-
» tendant copie de celle qu'il avait reçue au sujet des administrations provin-
» ciales.... »

la parole de *son gracieux souverain.* Il ne croyait plus à aucune promesse. Et pourquoi aurait-il cru à l'influence heureuse des Assemblées provinciales? La machine à impôts, à priviléges, à vexations, la machine aux mille abus restait la même. On ne changeait que des rouages usés ou démontés. Que lui importait! Ce qu'il lui fallait, c'était un changement plus radical, des modifications plus fondamentales et surtout des réformes dont le résultat eût été immédiatement palpable.

CHAPITRE II.

Assemblée préliminaire.

Les membres nommés par le roi pour former le noyau de l'Assemblée provinciale d'Auvergne se réunirent en Assemblée préliminaire, le 14 août 1787, dans la grande salle du collége de Clermont, sous la présidence de M. DE MONTAGU DE BEAUNE, lieutenant général de la Basse-Auvergne (1).

L'Assemblée se composait, aux termes du règlement, de douze membres du clergé ou de la noblesse et de douze membres du tiers-état.

Son premier soin fut de nommer les deux procureurs syndics, qui furent, pour la noblesse et le clergé : M. HUGUES,

(1) En signe de réjouissance, la ville de Clermont fit une somptueuse réception à M. de BEAUNE, bien qu'il eût écrit que n'étant plus lieutenant-général de la province, il ne devait ni ne pouvait recevoir aucune espèce d'honneur. Dans sa séance du 30 juillet 1787, le conseil de ville avait arrêté : « Qu'à
» l'arrivée de M. de BEAUNE on lui rendra les honneurs qu'il mérite, qu'en
» conséquence on fera tirer le canon. Les sergents de quartier seront comman-
» dés pour aller à son devant, et l'accompagner de la barrière des Jacobins à
» son hôtel. Et aussitôt qu'il y sera rendu, le conseil de ville ira en corps
» lui rendre visite ; et à la suite on lui portera le vin d'honneur. » (Extrait des délibérations du conseil de ville de Clermont, volume 14).

comte de Lastic, seigneur de l'Escure ; pour le tiers-état : M. Louis-Anne REBOUL, écuyer, seigneur de Villars, maire de la ville de Clermont-Ferrand (1).

Elle se compléta ensuite par l'adjonction de vingt-quatre nouveaux membres, dont un quart du clergé, un quart de la noblesse et moitié du tiers-état. Voici la liste complète des membres de l'Assemblée provinciale entre lesquels, nommés ou élus, il ne devait, d'après les volontés du roi, exister aucune différence.

PRÉSIDENT : Messire Joachim-Charles-Laure MONTAGU, vicomte de Beaune, lieutenant général des armées du roi.

CLERGÉ. — Mgr Claude-Marie RUFFO, des comtes de la Ric, évêque, seigneur de Saint-Flour, comte de Brioude.

MM. Jean-Baptiste DE CHAMPFLOUR, prévôt et chanoine de l'Eglise de Clermont ;

Joseph DE MICOLON, abbé commandataire de Beaulieu, prieur de Rengny, chanoine de l'Eglise de Clermont-Ferrand, vicaire général et syndic du diocèse ;

Henri-Annet DE BRUGIER DE ROCHEBRUNE, archiprêtre de la cathédrale de Saint-Flour, vicaire-général du diocèse ;

François NOZIÈRE DE COUTEUGE, prévôt de MM. les comtes de Brioude ;

Jean-Baptiste DE VAULX, comte de Brioude, vicaire-général de Saint-Flour ;

Jean-Joseph DE PESTELS, doyen du chapitre d'Aurillac, ancien comte de Brioude ;

Jean-Pierre MEALLET DE FAULAT, abbé et seigneur de Montsalvy ;

(1) Après la nomination de M. REBOUL, son maire, aux fonctions de procureur syndic, le corps municipal de Clermont ne se trouvant plus représenté à l'Assemblée provinciale, puisque les procureurs syndics n'avaient pas voix délibérative, fit plusieurs démarches pour obtenir un député représentant spécialement la municipalité de Clermont, mais il ne put réussir.

André Morin Deletz, doyen du chapitre de Cebazat;

Nicolas de La Mousse, vicaire-général de Clermont et chanoine de Marieugeols;

François de Riolz, trésorier de la Sainte-Chapelle de Riom, remplacé à la séance du 13 novembre 1787 par M. Claude-Nicolas Ordinaire, chanoine de l'église Saint-Amable à Riom;

L'abbé de Murat, doyen de Mauriac et aumônier de Madame, remplacé après décès par M. Jacques-Sébastien de Bardet de Burc, curé de Saint-Paul de Mauriac (séance du 13 novembre 1787).

NOBLESSE. — MM. Paul d'Anglard de Bassignac, baron de Bransac, Fontanges, etc., lieutenant de MM. les maréchaux de France;

Jean-Gaspard de Cassaigne de Beaufort, marquis de Miramon, seigneur du marquisat de Miramon, Bezon, Pauliac et autres lieux;

Henri-Gilbert de La Roche-Lambert, seigneur de Beausée, Vinzelles, Usson et autres places;

Gilbert-François, marquis de Capponi, seigneur de Combronde;

Jean-Baptiste comte de Mascon, seigneur de Ludesse;

Jean comte de Dienne de Saint-Eustache, seigneur de Moissat et Saint-Eustache;

Jean-Baptiste de Laqueuille, marquis de Châteaugay, baron de Laqueuille;

Joseph-Thomas comte d'Espinchal, seigneur comte de Massiac;

Charles-Philibert-Marie-Gaston de Levis, marquis de Mirepoix, seigneur de Dienne, Chaylade et autres lieux;

Marie-Paul-Joseph-Roch-Yves-Gilbert du Motier, marquis de Lafayette, seigneur baron de Chavaniac, Vissac, etc., maréchal des camps et armées du roi, major général au service des États-Unis de l'Amérique;

Louis comte DE LA ROCHETTE, seigneur d'Auger.

(Le douzième membre de la noblesse était M. le vicomte DE BEAUNE, président).

TIERS-ÉTAT. — MM. Antoine BRUNEL, doyen des conseillers de la sénéchaussée et présidial de Clermont-Ferrand ;

François LEYGONIER DE PRUNS, écuyer, seigneur de Pruns, chevalier de l'ordre royal et militaire de Saint-Louis, capitaine au régiment du roi dragons, maire perpétuel de la ville d'Aurillac ;

Gaspard-Claude-François CHABROL, écuyer, lieutenant criminel au présidial de Riom.

Pierre COUTEL, premier échevin à Saint-Flour ;

Joseph DAUDE, avocat du roi au bailliage de Saint-Flour ;

Etienne DE BENOIST DE BARENTE, écuyer, maire de Maringues ;

Marcelin BAYET, avocat du roi en la prévôté d'Issoire ;

François TEILLARD, prévôt de Murat et procureur du roi de la municipalité de cette ville ;

Antoine RONGIER, négociant à Clermont-Ferrand ;

Gilbert RIBEROLLES DES MARTINANCHES, écuyer, négociant à Thiers ;

Robert HEYRAULD, rebouteur, propriétaire au Crest ;

Léon BEC-DUTREUIL, avocat en parlement à Brioude ;

Jean-Baptiste LACOSTE, avocat en parlement à Mauriac ;

Henri-Zacharie COUHERT DU VERNET, avocat en parlement, bailli de Viverols ;

Gui-François PERRET, négociant à Aurillac, remplacé, après démission, le trois décembre 1787, par M. Jean-Baptiste PERRET, conseiller au bailliage et siége présidial d'Aurillac ;

Maurice BRANCHE, avocat en parlement à Paulhaguet ;

Jean-Baptiste CHAUMETTE DES PRADEAUX, avocat en parlement ;

Joseph-Louis JAFFEUX, bailli du Pont-du-Château ;

Joseph-Durand Breschet de Vedrines, avocat à Chaudesaigues ;

Jean-Baptiste Vimal-Celeyron, négociant à Ambert ;

Barthélemy Romeuf, bailli de la Voûte-Chillac ;

Joseph-François Salvage de Clavières, ingénieur, capitaine au corps royal du génie ;

Grangier, bailli d'Allègre, remplacé, après démission, le 13 novembre 1787, par M. Chazal de Saint-Paulien ;

Pierre Rochette, chevalier, conseiller du roi, maire de la ville de Riom ; remplacé, après démission, par M. Pierre-Etienne Archon d'Esperouse, lieutenant du maire de la ville de Riom.

Le secrétaire de l'Assemblée était M. Jean-Baptiste Grenier, avocat, qui devint plus tard député du tiers-état d'Auvergne aux États généraux (1).

Si l'on examine de près cette nomenclature, on voit que le *clergé* était composé d'un évêque, de chanoines, de vicaires-généraux, en un mot de dignitaires ecclésiastiques, et que le bas clergé n'était nullement représenté ;

Que les députés de la *noblesse* étaient tous des hommes de haute et ancienne naissance, pour la plupart riches propriétaires fonciers, ayant rang à la Cour ; de simples gentilshommes, d'écuyers, d'anoblis, il n'y en avait trace. Qu'enfin, parmi les représentants du *tiers-état*, on compte des anoblis, des maires de ville, des échevins, des baillis et quelques négociants ; de propriétaire campagnard, de syndic de paroisse, point.

En résumé, dans chacun des trois ordres, surtout dans les deux premiers, l'aristocratie était représentée, non la masse générale. Ce fut peut-être une faute.

Les seules nominations vraiment et entièrement populaires furent, dans la noblesse, celle du marquis de Lafayette que sa

---

(1) Sur M. Grenier, consulter la brochure que nous avons publiée sous le titre de : les *Fondateurs du Journal des Débats, en* 1789. Paris, Faure, 1865.

conduite en Amérique et à l'Assemblée des notables avaient signalé au peuple comme un sauveur ; et, dans le tiers-état, celle d'un modeste bourgeois du Crest, d'un de ces humbles chirurgiens campagnards appelés *rebouteurs*, Robert Heyrauld, regardé dans le pays comme la Providence des malheureux.

Après s'être complétée elle-même, l'Assemblée préliminaire procéda à la nomination de la première moitié des membres des Assemblées d'élection, dont les présidents nommés par le roi étaient :

Pour l'élection de Clermont, M. DE PONS DE LA GRANGE, vicaire-général, le même qui devint plus tard évêque de Moulins ;

Pour l'élection de Riom, M. le comte DE LAQUEUILLE ;

Pour l'élection d'Issoire, M. le comte DE LAIZÉR ;

Pour l'élection de Brioude, M. le vicomte DE MONTCHAL ;

Pour l'élection de Saint-Flour, Mgr l'évêque de Saint-Flour ;

Pour l'élection d'Aurillac, M. le vicomte DE PEYRONENCQ.

Pour l'élection de Mauriac, M. le comte D'ANGLARD DE BASSIGNAC.

Elle fixa ensuite au huit octobre le jour de la première réunion des Assemblées d'élection, et, au trois novembre suivant, celui de l'Assemblée générale provinciale.

Avant de clore sa session, l'Assemblée préliminaire fit consigner dans son procès-verbal le témoignage de sa reconnaissance envers le roi. Mais, en même temps, elle crut devoir insérer dans la manifestation de sa gratitude une réserve en faveur des anciens États provinciaux.

« ... En même temps, dit le procès-verbal, que nous re-
» cevons avec empressement une forme d'administration aussi
» désirée qu'avantageuse, et que nous espérons que le règle-
» ment qui nous est annoncé donnera un libre essor à notre
» zèle, et à nos Assemblées la dignité convenable, nous pre-
» nons la liberté d'observer que notre province est une de
» celles qui ont cessé le plus tard d'exercer leur droit de s'as-

» sembler en Etats, et, considérant la différence des fonc-
» tions qui semblent être destinées à l'Assemblée (1), avec
» les prérogatives sacrées de nos Etats, nous croyons devoir
» supplier Sa Majesté de daigner déclarer à la province qu'elle
» entend, comme nous le faisons ici nous-mêmes, que l'exécu-
» tion de ce nouveau règlement ne portera aucune atteinte
» aux droits primitifs et imprescriptibles de l'Auvergne (2). »

Les trois ordres étaient favorables à cette revendication des États provinciaux. La noblesse et le clergé principalement, parce que dans l'ancienne organisation des États, le tiers avait moins d'importance que dans les nouvelles Assemblées, parce que les votes s'y comptaient par ordre et non par tête, parce qu'enfin le tiers n'y était réellement que le troisième, le *tiers* parmi les ordres. Le tiers-état aurait aussi voulu revenir aux États provinciaux, sauf modifications toutefois, parce que, entr'autres avantages, il consentait lui-même les impôts, tandis que dans l'Assemblée provinciale, il ne pouvait que les répartir; parce qu'enfin l'Assemblée provinciale lui paraissait être non pas une représentation réelle de la province, mais bien une réunion de propriétaires délégués pour remplir les fonctions exercées jusque-là par l'intendant seul; parce que, en un mot, l'Assemblée n'était qu'un intendant, ou plusieurs personnes substituées à un intendant unique.

Le vœu de l'Assemblée préliminaire ne fut pas exaucé. La réponse du Gouvernement, transmise à l'Assemblée dans la séance du 13 novembre 1787, fut : *que l'Assemblée préliminaire n'ayant eu pour objet que de se compléter, nommer sa Commission intermédiaire, ses syndics, greffier, etc., son ob-*

---

(1) *Des fonctions qui semblent être destinées à l'assemblée.* Le mot est utile à noter. Il indique clairement combien peu les fonctions dévolues aux nouvelles Assemblées paraissaient précises et nettes malgré les instructions détaillées qui accompagnaient l'édit de création.

(2) Procès verbal des séances de l'Assemblée provinciale (préliminaire) d'Auvergne, tenue à Clermont-Ferrand, dans le mois d'août 1787. Clermont, Delcros, 51 pages in-4°. — Séance du 20 août 1787, page 48.

servation sur les Etats avait paru étrangère à ses fonctions.

Il est vrai que, sur cette fin de non recevoir, l'Assemblée provinciale complétée, *considérant que le principe qui admet toutes les réserves sur des prérogatives de corps et de particuliers s'étend sans doute à celles d'une province entière*, persista énergiquement dans sa première résolution, et décida séance tenante et à l'*unanimité*, qu'elle adoptait et renouvelait la réserve faite par l'Assemblée préliminaire dans sa séance du 20 août. Mais elle ne fut pas plus heureuse; la protestation resta sans effet (1).

Dans un récent ouvrage sur les Assemblées provinciales (2), M. de Lavergne blâme vivement cette revendication des Etats provinciaux, insérée sur la motion de Lafayette, dans le procès-verbal de l'Assemblée provinciale d'Auvergne. Nous ne pouvons partager cette opinion. Quoi qu'en dise M. de Lavergne, l'Auvergne avait eu, jusque vers le règne de Louis XIV, des Etats provinciaux. Leur rôle n'avait pas été très-brillant sans doute, mais leur souvenir n'en était pas moins resté très-populaire parmi les habitants de toute classe. Les Etats étaient une sorte de représentation du pays. On pouvait croire que c'était le pays lui-même délibérant, se consultant et s'imposant lui-même de sa propre volonté. Certes, nous l'avons déjà dit, dans

(1) Aux approches de 1789, le Gouvernement parut mieux disposé à accueillir des démarches dans ce sens. Voici ce que nous lisons dans le registre des délibérations de la commission intermédiaire :

« Séance du 26 novembre 1788. — Il a été fait lecture d'une lettre écrite
» à la commission par M. le comte de LANGEAC, le 22 du présent, contenant
» envoi de copie d'un mémoire que plusieurs membres de la noblesse d'Au-
» vergne convoqués chez M. le comte de MONTBOISSIER, à Versailles, l'ont
» chargé et M. le duc de CAYLUS de rédiger et de présenter au Roi pour
» obtenir de Sa Majesté le rétablissement des États particuliers de la province.
» M. de LANGEAC prévient par sa lettre la commission que la réponse de M. le
» directeur général des finances et de M. de VILLEDEUIL leur laisse la certi-
» tude, que de toutes les provinces qui réclament dans ce moment le même
» droit, celle d'Auvergne sera la première à qui on l'accordera..... »

(Archives départ. — *Commission interméd.* Registre des délibérat., f° 91).

(2) *Les Assemblées provinciales sous Louis XVI*, par M. Léonce de LAVERGNE. Un volume in-8°. Paris, LEVY, 1863.

les derniers temps de leur existence, après les envahissements du pouvoir royal, les États n'étaient plus ce qu'ils avaient été. Ils n'étaient plus réellement en possession de leur liberté; mais ils en avaient tout au moins l'apparence. Et c'est le souvenir de cette apparence qui faisait battre les cœurs. C'est ce fantôme de liberté qu'appelaient de tous leurs vœux des populations épuisées de vexations, épouvantées à l'idée de voir les Assemblées provinciales s'évanouir sans résultat comme tant d'autres essais et tentatives philanthropiques; et, à la suite de cet insuccès, les impôts s'ajouter aux impôts comme par le passé, et l'affreuse misère s'établir en permanence dans leurs foyers désolés. Pour les contribuables, les États, c'était l'impôt discuté, délibéré, établi suivant les forces du pays et réparti équitablement. L'Assemblée provinciale, c'était sans doute une répartition meilleure, mais c'était la répartition d'un impôt émanant du bon plaisir d'un souverain mal informé des ressources de ses sujets. Les Etats, c'était le connu. On savait ce qu'ils avaient été, on connaissait de tradition le bien ou le mal qu'ils avaient pu faire; on ne savait pas au juste ce que seraient les nouvelles Assemblées qui laissaient subsister des fonctionnaires aussi impopulaires que les intendants. D'un autre côté, on désirait (la bourgeoisie surtout) une réunion des États généraux, et on espérait y arriver plus sûrement par une reconstitution des anciens États provinciaux.

En insérant cette réserve dans son procès-verbal, l'Assemblée provinciale n'avait donc été que l'écho fidèle des vœux du plus grand nombre des habitants de la province. Du reste, en le faisant, elle n'avait pas cru manquer au respect dû à la royauté. Bien au contraire, se fondant sur les réponses faites par le roi à la Provence et au Hainaut, elle avait pensé que Sa Majesté n'était en rien défavorable au rétablissement des États provinciaux (1).

(1) Procès verbal de l'Assemblée provinciale, page 162.

CHAPITRE III.

Premières réunions des Assemblées d'élection.

L'Assemblée préliminaire une fois séparée, la Commission intermédiaire, nommée dans la séance du 18 août, se mit immédiatement à l'œuvre. Elle était composée : — de M. DE BEAUNE, président de l'Assemblée ; — de l'abbé DE ROCHEBRUNE, remplacé en décembre suivant par l'abbé DE LA MOUSSE, vicaire-général ; — du comte DE MASCON, plus tard député ; — de M. LEYGONYER DE PRUNS, maire d'Aurillac, remplacé en février 1789 par M. PERRET, conseiller au présidial d'Aurillac ; — et de M. BRANCHE, avocat à Paulhaguet ; assistés du comte DE LASTIC, procureur syndic de la noblesse et du clergé, et de M. REBOUL DE VILLARS, procureur syndic du tiers-état (1).

Chacun de ses membres s'occupa de suite de se familiariser avec les affaires à la gestion desquelles ils allaient participer.

Par leurs soins, les assemblées municipales furent convoquées pour s'organiser et nommer leurs syndics. On répondit partout avec empressement à cette convocation ; et tel était le besoin de vivre un peu de la vie publique et de prendre part aux affaires locales, qu'il se constitua des municipalités même en dehors des principales paroisses, jusque dans des hameaux.

Mais l'Assemblée municipale, pour cette première session, ne devait jouer qu'un rôle secondaire ; le principal mécanisme du nouveau système administratif, c'était l'Assemblée d'élection.

(1) Plus tard, à la séance du 4 décembre, l'Assemblée provinciale adjoignit à la commission intermédiaire comme *membres honoraires*, Mgr l'Évêque de Saint-Flour, M. de LAFAYETTE, M. CHABROL et M. SALVAGE DE CLAVIÈRES. — Cette adjonction de membres honoraires fut blâmée par le Gouvernement comme n'étant pas autorisée par les règlements. (Lettre du contrôleur général, du 4 février 1788. — Archives départementales. Registre de la commission intermédiaire).

Dès les premiers jours d'octobre (1787), les membres désignés des Assemblées d'élection s'assemblèrent, afin de se compléter et de s'organiser. Puis les Assemblées complétées se réunirent dans leurs départements respectifs du 22 au 30 octobre pour donner leur avis sur la situation de leur élection ou département et sur diverses questions d'administration et d'imposition.

Tout se passa généralement avec ordre. Il y eut bien certaines élections où les prétentions quasi-despotiques des présidents causèrent quelque émotion ; mais cela n'eut pas de suite.

Nous n'avons pas l'intention de faire un compte-rendu des séances de chaque Assemblée. Nous dirons quelques mots seulement sur les principales questions traitées et les réclamations formulées dans chacune d'elles.

Élection de Clermont (1). — A deux reprises, dans sa réunion préliminaire et sa première réunion complétée, l'Assemblée émet le vœu que les présidents de chaque Election soient admis à l'Assemblée provinciale avec voix consultative. Elle fait remarquer au surplus qu'il doit y avoir égalité entre toutes les Élections, et qu'il est injuste que certaines d'entre elles soient représentées à l'Assemblée provinciale, tandis que les autres ne le sont pas. Ainsi M. de Laqueuille et M. de Capponi appartiennent en même temps à l'Assemblée provinciale et à l'Assemblée de l'Election de Riom ; MM. d'Espinchal et de Lafayette à l'Assemblée de Brioude ; l'évêque de Saint-Flour et M. Daude à celle de Saint-Flour ; M. de Bassignac et M. Lacoste à celle de Mauriac.

« L'Assemblée supplie instamment M. de Beaune d'obser-
» ver qu'il ne s'agit pas de donner un accroissement aux voix
» délibératives dans une Assemblée déjà complète, mais uni-
» quement de mettre MM. les présidents des Elections en état
» de remplir à l'Assemblée provinciale le double objet d'éclai-

---

(1) Cette élection était divisée en cinq arrondissements : Clermont, Billom, Courpière, Besse et Tauves.

» rer sur les intérêts de leur département et de porter à leur
» tour dans leurs Assemblées particulières les émanations de
» ces grandes vues qui animeront les administrateurs de la pro-
» vince entière (1). »

C'eût été une sage mesure qui eût pu produire d'excellents résultats. Elle ne fut cependant pas adoptée.

L'Assemblée d'Election était présidée par M. DE PONS DE LA GRANGE, vicaire-général. Le président primitivement désigné était l'évêque de Clermont M. DE BONAL ; mais l'état de sa santé ne lui avait pas permis d'accepter ces fonctions.

Les *procureurs syndics* étaient : pour le clergé et la noblesse, M. AUBIER DE LA MONTEILHE, chanoine de la Cathédrale ;

Et pour le tiers-état : M. HUGUET, avocat, maire de Billom, nommé plus tard député aux Etats généraux (2).

(1) Procès verbal de l'Assemblée préliminaire de l'élection de Clermont, du 8 octobre 1787. (Manuscrit des archives départementales. Fonds de la commission intermédiaire.)

(2) Voici les noms des membres de l'assemblée d'élection de Clermont :

Antoine DEPONS DE LA GRANGE, président.)

CLERGÉ. — Denis de la CHASSIGNOLE, doyen du chapitre de Vic-le-Comte ; Joseph DUCROIZET DE LYAT, doyen du chapitre d'Orcival ; — M. de MONTCHAMP, prieur, curé d'Auzelle ; — M. Antoine MATHIAS, curé d'Église-Neuve, près Condat, plus tard député aux Etats-Généraux.

NOBLESSE. — M. Blaise d'AURELLE, comte de CHAMPÉTIÈRE, seigneur de Domaize ; — M. Maximilien de BOSREDONT, comte de BOSREDONT, seigneur de Sugères ; Louis-Gilbert de SIOUGEAT, marquis de LAIZER, seigneur de Montaigut-le-Blanc ; — M. le comte d'ORADOUR, seigneur de Saint-Diéry, remplacé, après démission, le 27 octobre 1787, par M. BERNARD, comte de la SALLE, seigneur de Chavigné ; — Jean-Baptiste-Armand de MONTMORIN DE SAINT-HÉREM, seigneur de la Barge.

TIERS-ÉTAT. — Jean-Baptiste GROS-SABLON, échevin de Clermont ; — Jean TIOLIER, avocat à Clermont ; — Joseph-Antoine LASTEYRAS, avocat, bailli de Billom ; — Henri CHANDÈZE, avocat à Montaigut-le-Blanc ; — Gilbert-François COSTET, avocat, lieutenant-général de la prévôté d'Ardes ; — Jean GOYON DE FRANCSÉJOUR, conseiller rapporteur du point d'honneur à Courpières ; — Charles PETIT, notaire feudiste à Ravel ; — Charles-Antoine GUIBAL, notaire à Avèze, bailli de Tauves ; Michel MOULIN-LABORIE, notaire, lieutenant de la ville de la Tour d'Auvergne ; — Claude-Étienne TÉALIER, avocat, juge à Olliergues.

Le secrétaire était M. Jean-Baptiste-Etienne Dartois (originaire de Bort).

Election de Riom. — (Divisée en cinq arrondissements : Riom, Maringues, Thiers, Montaigut et Giat.)

Dirigée par des hommes intelligents et éclairés, l'Assemblée d'Election de Riom, sans se laisser enfermer dans les limites étroites des règlements, arbore hardiment dès ses premières séances le drapeau des revendications légitimes. Comme les matières à améliorer sont innombrables, elle va au plus pressé. Elle se prononce énergiquement pour de promptes réformes dans la perception des impôts. Entre autres abus, elle signale au premier chef la surcharge que les priviléges de quelques-uns imposent à la masse des contribuables. Elle demande un abonnement pour toutes sortes d'impôts.

« ..... L'Assemblée complétée réunie, ayant entendu la
» lecture du montant des impositions de cette élection, a été
» effrayée de la surcharge qu'éprouve cette province. Les be-
» soins de l'Etat empêchent le roi de suivre les mouvements
» de son cœur. Ce n'est donc qu'en simplifiant la recette et
» par l'extinction des abus que nous pouvons remplir nos de-
» voirs envers le roi et nos concitoyens. En proposant nos ré-
» flexions à l'Assemblée provinciale nous ne faisons que suivre
» ce qu'elle nous a prescrit. Il a paru d'abord qu'il est à dé-
» sirer que l'Assemblée provinciale supplie Sa Majesté d'abon-
» ner la province non-seulement pour les vingtièmes, mais en-
» core pour la taille et autres impositions accessoires. Le roi
» fixerait sans doute, pour lors, la somme nette qui entre dans
» son trésor royal. Cet abonnement connu de la province
» mettra dans le cas de proposer ce qui se pratique déjà en
» Provence, c'est d'avoir dans chaque collecte ou paroisse un
» seul collecteur solvable qui donnerait en outre suffisante cau-
» tion, qui pourrait même, au choix des différentes collectes,
» être chargé de la levée de plusieurs (1).... »

(1) Procès-verbal de l'Assemblée d'élection tenue à Riom le 23 octobre et jours suivants. — Manuscrit des Archives départem.

L'Assemblée ne se borne pas aux impôts. Elle s'inquiète du commerce, de l'agriculture. Elle émet des vœux pour l'abolition du droit de marque sur les cuirs et pour la suppression de la douane de Vichy qui frappait de droits très-onéreux toutes les marchandises exportées d'Auvergne. Elle signale à l'Assemblée provinciale les progrès du déboisement dans la province, etc.

On croirait une réunion d'économistes, nourris d'études et d'observations et avides de coopérer au bien-être de tous leurs concitoyens.

L'Assemblée préliminaire de l'Election de Riom avait été marquée par un petit incident qui fait encore ressortir le bon esprit qui animait tous ses membres.

Voulant faire preuve de désintéressement, et en même temps épargner à la province une dépense, selon eux, inutile, les membres désignés du bureau intermédiaire MM. Ordinaire, de Capponi, Fabry et Gerzat, avaient spontanément offert à l'Assemblée de remplir leurs fonctions sans émoluments d'aucune espèce. Dans le premier moment, l'Assemblée avait accepté leur offre; mais elle revint bientôt sur cette décision précipitée. Après avoir remercié de leur générosité les membres du bureau intermédiaire, « l'Assemblée, considérant que,
« d'une part, il s'agissait de remplir l'ordre qui lui était
» donné par l'Assemblée provinciale, et de l'autre, de faire
» un état invariable non-seulement pour MM. les membres
» actuels du bureau intermédiaire, mais encore pour ceux qui
» devront leur succéder, a arrêté de proposer à l'Assemblée
» provinciale la somme de deux mille livres, à raison de
» 500 livres pour chaque membre (1).... »

Procureurs syndics. — Pour le clergé et la noblesse : M. Michel comte DU PEIROUX, seigneur de Salmaigne;

Pour le tiers-état : M. CATHOL, avocat du roi en la sénéchaussée d'Auvergne, remplacé le 27 octobre 1788, après

---

(1) Procès-verbal de l'Assemblée préliminaire tenue à Riom du 8 au 12 octobre 1787. — Manuscrit des Archives départem.

démission, par M. FAYDIT, conseiller du roi, juge magistrat au présidial de Riom (1).

Secrétaire. — M. Etienne HÉBRARD.

ELECTION D'ISSOIRE. — Comme l'Assemblée de Clermont, l'Assemblée d'Election d'Issoire émet le vœu que les présidents des Assemblées d'Election aient entrée à l'Assemblée provinciale avec voix consultative.

Nous avons déjà dit que l'Assemblée provinciale n'accueillit pas ce vœu.

« La matière mise en délibération, dit le procès-verbal, page
» 164, l'Assemblée a arrêté que n'étant autorisée par aucun rè-
» glement à délibérer sur une pareille demande, elle croit remplir
» l'objet, en invitant les Assemblées d'Election à conférer avec
» les membres de l'Assemblée provinciale députés de leur Elec-
» tion, sur ce qui les concerne, et même de leur envoyer les Mé-
» moires et renseignements qu'ils se seraient procurés (2). »

(1) Voici les noms des membres de l'Assemblée d'élection de Riom :

Jean-Baptiste comte de LAQUEUILLE, marquis de CHATEAUGAY, président.

CLERGÉ. — Claude-Nicolas ORDINAIRE, chanoine de Saint-Amable à Riom; — Jacques-Gabriel PAGIT ou PAGÈS, curé de Montaigut; Paul MARILHAT, curé de Randan; — Joseph MARTIN, curé de Saint-Genès-de-Thiers; — Jean-Baptiste BOUYON, chantre et chanoine du chapitre d'Herment.

NOBLESSE. — Pierre, comte de SAINT-GIRON, seigneur de MOLLES; — Jacques, marquis des ROIS de CHANDELIS; — Nicolas-Claude-Martin AUTIER de CHAZERON, comte de VILLEMONTEIX, seigneur de BARMONTEIX; — Gilbert François, marquis de CAPPONI, seigneur de Combronde, remplacé le 24 octobre 1788, après décès, par M. de RIGAUD, seigneur de Pulvérières.

TIERS-ÉTAT. — Claude REDON, avocat échevin de la ville de Riom, plus tard député aux États généraux, et enfin baron de l'Empire; — Claude-Antoine FABRY, seigneur du CROS, échevin de Thiers; — Jean-Baptiste GERZAT, notaire à Ennezat, — Jean BOUDET, notaire à Maringues; — Jean-François DELARFEUILLE du MAS, seigneur du Mas; — Jean-Baptiste CONCHON, notaire et commissaire à terrier, à Volvic; — Jacques GOURBINE, notaire à Thiers; — Gilbert-Joseph CHACATON de VILLOBIER, à Montaigut; — Jean TABAZIER, bailli de Chapdes-Beaufort; — Charles-Alexandre SERCIRON de la BESSE, seigneur de Condat, demeurant au Montel-de-Gelat.

(2) Séance du 14 novembre 1787. — Malgré nos recherches, nous n'avons pu nous procurer le procès verbal des deux premières sessions de l'Assemblée d'élection d'Issoire.

La fin de la session de l'Assemblée d'Issoire fut marquée par un conflit qui faillit avoir des suites fâcheuses.

Le président, M. le comte de Laizer, persuadé que les frais de l'Assemblée d'Election étaient à la charge du chef-lieu de l'Election, fit demander aux échevins de la ville d'Issoire la somme nécessaire pour solder ces frais. Ceux-ci, se voyant dans l'impossibilité d'imposer une charge nouvelle à une ville obérée comme la leur, en réfèrent le deux novembre à l'intendant de la province. Impatienté de ne pas recevoir une réponse immédiate, M. de Laizer écrit de nouveau au maire d'Issoire (1), avec une vivacité pleine d'arrogance, disant *qu'il ne demande pas le détail des dépenses de la ville, mais qu'il lui faut de l'argent* (2). Le maire se plaint à l'intendant; et l'affaire menaçait de dégénérer en querelle privée, lorsque l'on reçut la réponse du contrôleur général que l'intendant avait informé.

« Paris, ce 16 novembre 1787.

» Les dépenses, Monsieur, que peut exiger l'établissement
» des Assemblées d'Election, ne doivent point être à la charge
» des villes où se tiennent ces assemblées, mais de toute
» l'Election.

» L'Assemblée de celle d'Issoire doit donc dresser un état
» de ses premiers frais et l'adresser à l'Assemblée provinciale
» qui, après l'avoir examiné, lui indiquera de quelle manière
» il devra être pourvu au paiement des frais.

» J'ai l'honneur, etc.   LAMBERT (3). »

(1) M. LAFOND, proche parent de M. LAFOND DE SAINT-MART, subdélégué-général de l'intendance.

(2) Extrait d'une lettre de M. LAFOND, maire d'Issoire, en date du 5 novembre 1787. — (Archives départementales. — *Fonds de la commission intermédiaire.* Liasse : *Correspondances.*)

(3) Si les frais eussent dû être payés par les chefs-lieux d'élection seuls, la ville d'Issoire eût été dans l'impossibilité d'y faire face. Voici en effet ce qu'écrivait l'Intendant au contrôleur général, le 7 novembre 1787 : « ..... Les
» revenus de la ville d'Issoire sont si modiques, qu'elle a été obligée de deman-
» der sur elle une imposition pour payer ses dettes et les frais d'un procès
» qu'elle a eu à soutenir. Cette imposition a été ordonnée par arrêt du conseil

Quoique cet incident n'ait pas eu de suite, il nous a paru intéressant à noter.

Procureurs syndics. — Clergé et noblesse : Le marquis DE FOUGÈRE; tiers-état : M. COL, avocat en parlement, à Saint-Anthême (1).

Secrétaire. — M. MATHIAS, notaire royal.

ELECTION DE BRIOUDE. — Il nous a été impossible de découvrir, aux Archives ou ailleurs, les procès-verbaux des Assemblées de cette Election, ni même des documents y relatifs (2).

Procureurs syndics. — Clergé et noblesse : Le marquis DE SAINT-PONCY ; tiers-état : DE VAUZELLES, avocat syndic de Brioude.

» du 12 avril 1785, pendant cinq années, à raison de 2500 livres par année,
» pour soulager les habitants; elle prend sur ses revenus annuels, quelque
» modiques qu'ils soient, le surplus nécessaire pour l'acquit de ses dettes. » —
(Archives départem. — *Commission intermédiaire.* Liasse *Correspondance.*)

(1) Voici les noms des membres de l'Assemblée d'élection d'Issoire :

Jean-Charles, comte de LAIZER, président.

CLERGÉ. — Jean-Antoine de MASSAL, comte de Brioude, syndic du chapitre; — Benoît GRELET, chanoine, de Saint-Quentin, chapelain du Roi ; — Annet-Charles de BOURDEILLES, curé de Mailhat; — L'abbé de VERTAMY, prieur des chanoines d'Arlanc ; Jean-Baptiste dom BOHET, bénédictin de Saint-Maur, prieur de l'abbaye royale d'Issoire.

NOBLESSE. — François, comte de COMBAREL DE GIBANEL ; — Pierre-Louis du PATURAL, chevalier, seigneur de la Bresse; — Jean-Joseph-Michel MEALLET, comte de FARGUES, chevalier honoraire de l'ordre de Malte, capitaine de cavalerie; — Michel-Denis, chevalier de PONS DE LA GRANGE.

TIERS-ÉTAT. — MM. FÉCHET, avocat à Ambert; — Antoine CHRISTOPHLE, lieutenant-général de la prévôté d'Usson; — GIROT, avocat en parlement; — CISTERNE, avocat en parlement; — Claude BRAVARD DE LA BOISSERIE, négociant; — BOYER, seigneur de Ribain, procureur en la cour des aides de Clermont; — Annet-Joseph MOLIN, ancien contrôleur des guerres; — VISSAC, notaire à Champagnat-le-Vieux; — LAURENT, officier municipal de la ville d'Issoire; — TEYRAS.

(2) Parmi les membres de l'assemblée de Brioude, nous citerons :

M. le vicomte de MONTCHAL, président : — Dom CASTAIGNE, prieur de la Chaise-Dieu; — FAURIER, prieur de Pébrac; — De BOURDEILLES, comte de Brioude, doyen du chapitre; — le comte de LORMET; — le comte d'ESPINCHAL; — MM. GUEYFFIER, de Longpré; — de ROZIÈRE, avocat à Langeac; — BRANCHE père, notaire à Paulhaguet; — PRIEUR, avocat à Blesle; CHAZAL; etc.

ELECTION DE SAINT-FLOUR. — Dans les réunions de l'Assemblée d'Election de Saint-Flour, les choses se passèrent paisiblement et sans éclat; à défaut du procès-verbal que nous n'avons pas retrouvé, nous citerons une lettre adressée à l'intendant.

« Saint-Flour, ce 27 octobre 1787.

» Monseigneur,

» Notre Assemblée d'Election s'est tenue les 22, 23 et
» 24 de ce mois. Elle a été très-tranquille, et plus que dans
» les Elections voisines, suivant ce qui m'a été rendu. Notre
» évêque n'y porte pas les prétentions des autres présidents,
» et il y donne l'exemple de l'honnêteté et de la douceur. Les
» délibérations ont porté principalement sur la fixation des ho-
» noraires et gages des syndics, des membres de la Commis-
» sion intermédiaire, greffier, commis-greffier, concierge;
» réparations à faire au local pris aux Jacobins pour tenir les
» Assemblées, au loyer de ce local, etc. On a beaucoup parlé
» des chemins, etc. Les autres affaires qui ont été traitées
» dans cette Assemblée sont de si petite conséquence, que je
» crois inutile d'en parler.

» Je suis, etc. DESTERNES (1). »

Quoi qu'en dise cependant la lettre ci-dessus, l'assemblée de Saint-Flour s'occupa fructueusement. Un Mémoire présenté par elle à l'Assemblée provinciale au sujet *des réformes à faire dans le recouvrement des impôts*, fut jugé, à bon droit, digne d'être imprimé comme annexe au procès-verbal de la séance de l'Assemblée provinciale du 1er décembre 1787.

Procureurs syndics. — Clergé et noblesse: L'abbé VAYRON, vicaire-général de Saint-Flour; tiers-état: DAUDE, avocat du roi au bailliage de Saint-Flour (2).

(1) Archives départementales — Commission intermédiaire.
(2) Voici les noms des principaux membres de l'Assemblée de Saint-Flour: Monseigneur l'Évêque, président; — l'abbé TRILLARD, vicaire-général; — PODEVIGNE, prêtre à Saint-Urcize; — le marquis de CASTELLAS; — le comte de la ROCHELAMBERT; — le baron de BRUGIER DE ROCHEBRUNE; — MM. BOREL

·Election d'Aurillac. — La ville d'Aurillac demande que l'Election dont elle est le chef-lieu puisse nommer quatre députés de plus à l'Assemblée provinciale, et elle adresse à l'appui de sa proposition un Mémoire au roi.

Le bailliage de Vic-en-Carladès demande à son tour qu'un de ces quatre députés supplémentaires soit pris parmi les officiers de son siége.

Procureurs syndics. — Clergé et noblesse : l'abbé DE CAMBEFORT ; tiers-état : DEVÈZE (1).

Élection de Mauriac. — A défaut de détails sur les travaux de cette Élection, le procès-verbal nous ayant manqué, nous signalerons un incident dont nous avons trouvé la trace dans les procès-verbaux de la Commission intermédiaire provinciale.

M. Jean-Baptiste Lacoste, avocat, membre de l'Assemblée provinciale, ayant été nommé procureur syndic du tiers-état par l'Assemblée préliminaire, cette nomination déplut à plusieurs membres des ordres privilégiés ; et l'un d'eux, M. de Sartiges inséra, à la suite de sa signature sur le procès-verbal, cette restriction : *Sans approuver la nomination du sieur Lacoste, se réservant d'en référer à l'Assemblée provinciale.* La Commission intermédiaire provinciale, ayant reçu communication du procès-verbal de l'Assemblée de Mauriac, déclara dans sa séance du 6 novembre 1787 : « Qu'elle était étonnée de
» trouver, dans un acte tel que ce procès-verbal, une impro-
» bation aussi irrégulière que contraire au règlement, et inju-
» rieuse pour un des membres de l'Assemblée provinciale. »

DE MONTCHAUVEL, lieutenant du maire de Saint-Flour ; — de VILLAS, avocat à Pierrefort, plus tard, député aux Etats généraux ; — PEUVERGNE, négociant à Allanche ; — MONTEIL DE LA GREFOUILLE, etc.

(1) Parmi les membres de l'Élection d'Aurillac, nous citerons :

M. le vicomte de PEYRONNENCQ, président ; — M. LEYGONYER DE PRUNS, sacristain du chapitre d'Aurillac ; — M. le comte de GAIN DE MONTAGNAC ; — le comte de BEAUCLAIR ; — M. PAGÈS DES HUTES, ancien capitoul, maire de la ville de Vic ; — M. PRINCE, officier municipal à Aurillac ; — M. DELZONS ; — etc.

Saisie de cet incident, l'Assemblée provinciale décida, le 14 novembre 1787, qu'elle improuvait la protestation de M. de Sartiges *comme irrégulière et ne devant produire aucun effet* (1).

Procureurs syndics. — Clergé et noblesse : le baron DE CHAZEL; tiers-état : Jean-Baptiste LACOSTE, avocat, plus tard député à la Convention et préfet du département des Forêts (2).

La première session des Assemblées d'Election ne devait produire et ne produisit en effet que peu de résultats. Les procureurs syndics n'avaient pas eu un mois pour prendre connaissance des affaires et en dresser le compte-rendu. Il leur fut à peu près impossible de donner aux Assemblées un aperçu complet de la situation de leur département. Aussi fut-ce, pour la plupart des membres de ces Assemblées, une session d'apprentissage, d'acclimatation pour ainsi dire, plutôt qu'une session d'affaires.

(1) Procès-verbal, p. 163.
(2) Dans l'Élection de Mauriac, les principaux membres sont :
M. le comte d'ANGLARD DE BASSIGNAC, président.
MM. COLINET DE LABEAU, doyen du chapitre de Saint-Chamant; — RONNAT, curé de Mauriac; — le comte de SARTIGES DE FONTANGES; — l'ESCURIER, lieutenant-général, de Salers; — TERNAT, bourgeois à Mauriac; — REYMOND-TOTAL, avocat; — DELALO; — PÉRIER DE LA VERGNE, etc.

SECONDE PARTIE.

Exposé des Travaux de l'Assemblée provinciale.

CHAPITRE Ier.

Opérations préliminaires. Division en bureaux.

L'Assemblée provinciale d'Auvergne complétée se réunit, pour la première fois, dans la grande salle du collége de Clermont, le 8 novembre 1787, sous la présidence du vicomte de Beaune. Nous avons déjà dit quelle était sa composition, nous n'y reviendrons pas. La seule modification qui fut faite dans le personnel de l'Assemblée, ce fut le remplacement de quatre membres morts ou démissionnaires. M. l'abbé Ordinaire fut élu pour remplacer l'abbé de Riolz; M. Archon Desperouse, pour remplacer M. Rochette; M. Chazal de Saint-Paulien, pour remplacer M. Grangier, bailli d'Allègre; et M. de Burc, curé de Saint-Paul de Mauriac, pour remplacer M. l'abbé de Murat.

L'ouverture solennelle des séances de l'Assemblée ne fut faite que le 12 novembre par l'intendant, M. de Chazerat, remplissant les fonctions de commissaire du roi.

Les premières séances furent consacrées par l'Assemblée à se constituer.

Elle s'adjoignit, conformément aux instructions du roi, une sorte de conseil judiciaire composé de trois avocats chargés d'examiner gratuitement les contestations qui pourraient s'élever entre les communautés ou paroisses de la province, sur leurs droits particuliers. Les trois avocats désignés furent :

M. Bergier, déjà connu par son Commentaire sur Ricard, et qui ensuite fut député au conseil des Cinq-Cents ; M. Gaultier de Biauzat qui, quelques mois plus tard, devait aller représenter le tiers-état de Clermont aux Etats généraux ; et enfin Georges Couthon, le futur conventionnel, dont le caractère doux et serviable séduisait tout le monde (1).

Dans la même séance du 13 novembre, le président, pour simplifier et activer le travail, subdivisa l'Assemblée en bureaux ou commissions :

1°. *Bureau des fonds de la comptabilité et règlement* dont firent partie, entr'autres membres, MM. l'abbé Ordinaire, le comte de Mascon, M. Chabrol, etc.

2°. *Bureau des impôts.* — Les membres les plus marquants furent l'évêque de Saint-Flour, le marquis de Capponi, le marquis de Laqueuille, M. Lacoste de Mauriac, etc.

3°. *Bureau des ponts et chaussées* qui comptait parmi ses principaux membres MM. d'Espinchal, Riberolles, et surtout M. Salvage de Clavières qui fut vraisemblablement, comme homme compétent, le rapporteur de toutes les décisions du bureau.

Et 4°. *Bureau du bien public, agriculture et commerce,* dont les membres les plus influents étaient le marquis de Lafayette et le rebouteur Robert Heyrauld.

Il fut de plus établi, à l'exemple de ce qui s'était fait dans les Assemblées du Berry et de la Haute-Guienne, un bureau provisoire pour la vérification des titres des membres de la noblesse, et l'on décida que la preuve serait de cent seize ans et quatre générations, l'élu non compris.

Comme introduction préalable au travail de ses bureaux, l'Assemblée se fit de suite rendre compte, par les procureurs syndics de l'état des impositions et dépenses à la charge de la

(1) Couthon passait à Clermont, avant la révolution, pour un homme doux et bon. C'est à ce titre que ses concitoyens, le 28 novembre 1789, le désignèrent au scrutin pour faire partie du bureau de charité de la paroisse Saint-Genès, avec MM. Petit, curé; Onslow, Frédefond de la Rochette et Pelissier de Féligonde. (Registre des délibérations municipales, volume 18.)

province, ainsi que de la situation des chemins et routes de chaque Election.

CHAPITRE II.

Travaux de l'Assemblée.

Nous ne chercherons pas à suivre l'Assemblée provinciale, jour par jour, séance par séance ; nous ne parlerons pas du cérémonial, des visites officielles qui lui furent faites par les corps administratifs et judiciaires de la ville de Clermont (1), notre intention est uniquement d'exposer et analyser, aussi fidèlement que possible, les décisions prises par l'Assemblée sur les rapports de ses bureaux. On pourra se faire ainsi une juste idée de l'importance du rôle que les nouvelles Assemblées étaient appelées à jouer si elles eussent vécu.

Comptabilité et Règlement (2).

Les travaux de la Commission de comptabilité n'eurent et ne pouvaient avoir la même importance et le même intérêt que les travaux des autres Commissions.

Sur ses rapports, l'Assemblée eut à décider quel serait le traitement ou l'indemnité pécuniaire qui serait allouée aux divers membres de la Commission intermédiaire, et comment seraient administrés les ateliers de charité affectés à l'entretien des routes.

La discussion du règlement de discipline intérieure eût pu être intéressante ; mais comme le projet n'était qu'une copie calquée sur les règlements des Assemblées déjà existantes, règlements qui avaient fonctionné, tout l'intérêt disparut.

(1) Voir aux Pièces justificatives, n° II, des détails sur la visite du corps municipal de Clermont.
(2) Nous suivrons dans notre exposé la division de matières établie entre les bureaux ou commissions de l'Assemblée provinciale.

« Il existait déjà, Messieurs, est-il dit dans le rapport du
» Bureau, ce Code de lois que vous nous avez chargés de
» préparer. Nous avons été prévenus dans notre travail par des
» administrations dont vous allez devenir les émules, mais
» auxquelles vous n'envierez pas le succès que de nobles ef-
» forts leur ont déjà procuré.

» Leurs lumières sont devenues les nôtres ; nous les em-
» prunterons sans nous sentir humiliés ; et le Bureau qui va
» vous proposer des règlements déjà munis du sceau de l'ex-
» périence, s'est flatté, Messieurs, qu'il en aurait d'autant
» mieux répondu à votre confiance (1). »

En présence de ce projet de règlement approuvé par l'usage, l'Assemblée provinciale, encore inexpérimentée, ne pouvait que donner son approbation. Le 4 décembre 1787, le projet du Bureau fut voté tel qu'il avait été présenté.

Il n'en fut pas de même du projet modificatif du règlement royal du 8 juillet. Ce projet qui portait sur les réformes à introduire dans ce qu'on pourrait appeler le Code, la charte constitutionnelle des Assemblées provinciales, sur le règlement édicté par le roi le 8 juillet précédent, fut présenté par le Bureau de comptabilité à la séance du 6 décembre.

Dans ce projet, la Commission ou Bureau ne paraît pas avoir eu de plan d'ensemble. Elle soumet à l'Assemblée ses réflexions sans les avoir tout à fait approfondies ; elle lui fait part de ses indécisions. On voit, en le lisant, qu'elle se sent sur un terrain tout à fait inconnu et qu'elle hésite à s'y engager. Elle a des désirs, des aspirations, mais elle ne les formule que timidement, n'en prévoyant pas bien les conséquences possibles. Elle voudrait ménager chacun des trois ordres, et comme il est difficile, impossible même que chaque proposition les contente tous trois à la fois, la Commission cherche, en se montrant favorable tantôt à l'un tantôt à l'autre, à pallier, par une concession subséquente, le froissement qu'une première proposition a pu produire. Elle voudrait guérir d'une main la

(1) Procès-verbal de l'Assemblée provinciale, p. 245.

blessure qu'elle a pu faire de l'autre. Elle établit une sorte de système de compensation. Ainsi tour à tour, elle demande l'abolition de la vénalité des offices municipaux dans les villes et l'élection par les notables de ces officiers municipaux ; obéissant en cela à l'opinion publique qui s'était déjà plusieurs fois prononcée formellement dans ce sens (1). Elle réclame le droit pour les seigneurs et les curés d'assister aux Assemblées paroissiales. Le règlement royal les en avait exclus avec raison, pour éviter que leur présence ne gênât la liberté des suffrages; le bureau veut les y faire entrer, parce que *leur présence préviendrait les brigues, les cabales tumultueuses, l'abus même qu'on pourrait faire du scrutin.*

Elle signale les inconvénients de la nomination des membres de la noblesse comme députés du tiers-état. De telles nominations *privent cet ordre d'une partie de ses représentants naturels,* etc., etc.

C'est presque de l'impartialité. En observant de plus près cependant, on découvre une préoccupation. Le peuple commence à compter, il faut flatter le peuple. Du reste, par son règlement, le roi lui-même a appelé tout le monde à prendre part aux affaires, et, d'autre part, la philanthropie est de mode. Mais si des concessions sont faites de ce côté, on a soin que ces concessions ne portent aucune atteinte aux priviléges et aux prérogatives du clergé et de la noblesse.

Aussi, par suite de ces deux tendances, à côté de propositions qu'on pourrait qualifier de *démocratiques,* voit-on surgir les idées les plus rétrogrades, les plus antipopulaires. Ainsi, d'une part, pour éviter que les propriétaires aisés ne s'emparent exclusivement de la direction des affaires dans les municipalités rurales, et *pour établir une égalité désirable et une influence proportionnelle entre les différentes classes de propriétaires des campagnes,* la Commission propose de les diviser en trois classes : — « La première serait composée de tous les plus

---

(1) Voir aux Pièces justificatives, n° III, un Mémoire de la municipalité de Clermont.

» haut taxés ; la seconde, de ceux qui supportent des con-
» tributions moyennes ; et la troisième comprendrait les plus
» bas taxés, mais toujours dans l'ordre des personnes éligi-
» bles : les membres de la municipalité seraient tirés de cha-
» cune de ces trois classes. » — Nous constatons la proposition sans en discuter l'efficacité.

Et, d'autre part, à propos de la future élection des membres de l'Assemblée provinciale par une Assemblée d'arrondissement des paroisses, la Commission a peur. *Elle* ne voudrait pas *altérer l'exécution d'un plan si sagement combiné ;* mais elle croit devoir avertir Sa Majesté *des inconvénients qui pourraient résulter d'un concours trop nombreux de villageois.*

Effrayée de ces nombreuses modifications, l'Assemblée n'osa prendre de prime abord des décisions aussi radicales. Après avoir délibéré sur le rapport de sa Commission, *ayant considéré que ce serait anticiper sur ses connaissances et sur son expérience que d'offrir dès ce moment au roi des observations sur un règlement dont l'Assemblée ignore même l'effet de l'exécution,* elle décida avec juste raison d'en renvoyer l'examen à la Commission intermédiaire, qui en rendrait compte à la session prochaine (1).

CHAPITRE III.

Travaux de l'Assemblée provinciale.

IMPOTS.

Le Bureau de l'impôt, le plus important dans les circonstances présentes, eut à se prononcer sur des difficultés bien graves.

La création des Assemblées provinciales avait eu sans doute

(1) Séance du 6 décembre 1787.

pour principal but, dans la pensée de Necker, de donner satisfaction aux classes éclairées de la nation qui désiraient participer aux affaires publiques. Mais l'extension donnée à cette création par les derniers ministres, à la suite de l'Assemblée des Notables, avait été avant tout un moyen financier, une manière d'arriver à faire accepter par l'opinion, satisfaite d'ailleurs, une aggravation dans les contributions publiques, et d'assurer au trésor un accroissement de recettes en obtenant une meilleure répartition.

On comprend alors toute l'importance du Bureau des impôts. Nous allons voir quelles résolutions il proposa ou fit adopter par l'Assemblée provinciale au sujet de la taille et des vingtièmes.

§ I. — Taille.

« La taille, dit Gaultier de Biauzat, est un impôt accordé
» aux besoins de l'Etat et réparti sur les gens du peuple sans
» contribution de la part des ecclésiastiques, des nobles et des
» privilégiés (1). »

La taille était perçue sur les personnes en proportion de leurs biens et de leurs revenus. Quelquefois même, dans certaines provinces, elle portait sur les profits de l'industrie et sur les capitaux. Elle correspondait surtout à ce que nous appelons aujourd'hui la contribution foncière, mais prenait aussi parfois le caractère de notre impôt des patentes.

Le nom de cet impôt vient vraisemblablement de ce que, dans le principe, les collecteurs avaient pour chaque contribuable une *taille* ou, comme on dit encore en Auvergne, une *croche* en bois sur laquelle ils marquaient par des entailles ce qu'ils avaient reçu (2).

Sans entrer dans le détail de l'origine et des vicissitudes de la taille, qu'il nous suffise de dire que, de temporaire qu'elle

---

(1) *Doléances sur les surcharges que les gens du peuple supportent*, p. 49.
(2) Voir au mot Croche, dans les *Souvenirs de la langue d'Auvergne*, par Francisque Mège. Paris, Aubry, 1861.

était d'abord, la taille, empruntée à la féodalité par la royauté, devint sous Charles VII une contribution fixe. Cette modification dans l'état des impositions fut la conséquence d'une modification dans la constitution militaire. Les armées étant devenues permanentes, il fallut des ressources permanentes pour suffire à l'entretien et à la solde des troupes. La taille fut affectée à cette destination ; et, comme les gentilshommes faisaient eux-mêmes le service militaire, ils furent déclarés exempts de l'impôt. La taille fut ainsi, à l'origine, comme le prix d'une sorte d'exonération du service militaire.

Acceptée dès l'abord sans trop de déplaisir, parce qu'elle devait, disait-on, servir à payer les troupes chargées de pacifier le royaume et réfréner le brigandage, la taille, accrue sans cesse, sous tous les règnes, devint bientôt onéreuse et intolérable au peuple. Ce qui acheva de la rendre odieuse, ce fut surtout son mode de perception et les exemptions nombreuses qui, en dégrevant sans raison une foule de privilégiés, ne firent qu'accroître la masse restante sur laquelle les cotes des exempts étaient rejetées.

La taille se divisait en taille *réelle*, c'est-à-dire établie proportionnellement aux revenus réels évalués d'après un cadastre des fonds immobiliers ; et taille *personnelle*, établie sans le secours du cadastre, au moyen d'évaluations arbitraires et partant variables.

En Auvergne, comme dans presque tous les pays d'Election, la taille était *personnelle*, ou, en d'autres termes, elle portait non pas tant sur le fonds lui-même que sur le propriétaire du fonds, eu égard aux produits et revenus que son industrie et son travail parvenaient à en tirer. On l'appelait aussi *taille arbitraire*, parce que l'Auvergne n'étant pas cadastrée, l'impôt ne reposait sur aucune base fixe et dépendait de l'opinion que les répartiteurs se formaient de la fortune de chacun des taillables. C'était, en résumé, un impôt sur la fortune, sur le *revenu approximatif*. L'importance de ce revenu était déterminée chaque année par les collecteurs, eu égard au nombre des charrues, des outils, des bêtes de travail, etc. Il en résultait que beaucoup de taillables, pour obtenir une réduction d'impôt, réduisaient eux-mêmes le nombre et l'importance de leurs instruments de travail. L'agriculture en souffrait énormément.

Et ce n'étaient pas les seuls inconvénients du mode de répartition adopté.

Disons d'abord en quoi consistait ce mode de répartition à la fin du xviiie siècle. Nous en emprunterons les détails à l'ouvrage du baron de Girardot (1).

« Le brevet de la taille fixé au Conseil pour toutes les Gé-
» néralités d'Election, était envoyé au bureau des finances et
» à l'intendant. Les avis séparés de l'intendant et du bureau
» des finances étaient renvoyés au Conseil pour la répartition
» de l'impôt total entre les Elections de la province.

» Sur ces deux avis, le Conseil faisait le partage, et ren-
» voyait au bureau ainsi qu'à l'intendant une commission pour
» chaque Election, relative à la somme qu'elle devait payer.
» Le bureau des finances mettait son attache à ces commis-
» sions et renvoyait à chaque Election celle qui la regardait.

» L'intendant procédait ensuite, avec les officiers de chaque
» Election, un député du bureau des finances et le receveur
» des tailles, à la répartition de la somme payable par l'Elec-
» tion, entre toutes les paroisses qui étaient dans le ressort de
» ce tribunal : c'est ce qu'on appelait le *département*.

» La loi exigeait que le département se fît au bureau de
» l'Election ; mais l'usage faisait préférer le logement de l'in-
» tendant, et l'on voyait dans plusieurs occasions tous les of-
» ficiers d'une Election aller joindre l'intendant, pour ce dé-
» partement, dans des lieux éloignés de leur résidence, même
» hors de l'enceinte de leur ressort. Ainsi se trouvait même
» supprimée l'ombre de garantie qu'aurait pu offrir la présence
» des officiers des Elections qui évitaient un déplacement,
» d'autant plus que la voix unique de l'intendant avait fini,

---

(1) *Essai sur les Assemblées provinciales et en particulier sur celle du Berry*, par le baron de Girardot. Bourges, 1845, in-8º, page 95.

» dans l'usage, par prévaloir sur les leurs, et que les élus qui
» voulaient remplir leur devoir étaient réduits au rôle affli-
» geant d'immobiles témoins de l'infraction des règles.

» Après le département arrêté, l'intendant signait la com-
» mission pour chaque paroisse. Chaque commission était in-
» titulée en son nom et celui du député du bureau des finances,
» et en celui des officiers de l'Election. Elle n'était signée
» que par l'intendant.....

» Cette commission était signifiée par un huissier des tailles
» au syndic de chaque paroisse et remise au collecteur par le
» syndic.

» Lorsque le rôle de distribution entre les taillables d'une
» paroisse était fait par le collecteur, celui-ci le portait au tri-
» bunal de l'Election pour qu'il fût vérifié, et ce rôle ne de-
» venait exécutoire que par la signature d'un élu.

» Le second brevet de la taille demandait encore bien
» moins de formalités. Il était expédié en droite ligne à l'in-
» tendant qui en faisait la répartition tout seul au marc le
» franc de la taille.

» . . . .

» La taille perçue par le collecteur était versée entre les
» mains du receveur particulier, et de là entre celles des rece-
» veurs généraux en exercice..... »

Telle était la méthode employée. On voit qu'elle n'offrait aucune base solide pour asseoir l'impôt. Aussi la sous-réparti-
tion et la collecte n'étaient-elles qu'une suite d'abus criants,
d'injustices révoltantes qui se reproduisaient chaque année.

Une fois nanti de son mandement, le collecteur en faisait la
répartition sur les contribuables de la paroisse, sans autre guide
que son appréciation personnelle, sans autre base que l'opinion qu'il se formait plus ou moins équitablement de la fortune
des gens. Refaite à chaque mutation de collecteur, c'est-à-
dire tous les ans, la répartition était nécessairement vicieuse et
injuste. Aussi qu'arrivait-il ? Tel contribuable payait souvent
un tiers et même moitié plus d'impôts que son voisin dont la

fortune et les ressources étaient presque identiquement les mêmes. « Les exemples de cette nature, dit un écrivain du » temps (1), sont très-nombreux, et il n'est pas de rôle d'im- » positions qui ne contienne des preuves multipliées d'une in- » justice aussi révoltante. »

Obligés de remplir des fonctions qui généralement leur déplaisaient, les collecteurs, par la force des choses, devenaient, dans leurs villages, de petits tyrans, augmentant les uns, diminuant les autres suivant leur caprice ou leur intérêt. En bas comme en haut, c'était alors le régime du bon plaisir.

« Si dans le nombre de ces collecteurs, dit l'auteur déjà » cité (2), il en est d'honnêtes et de vertueux qui réunissent » dans l'exercice de leurs fonctions, le suffrage de leurs con- » citoyens, combien n'en est-il pas qui, guidés par des motifs » de passion ou d'intérêt, et étouffant dans leur cœur les sen- » timents de justice qui devraient les guider, n'ont d'autres » bases pour leurs opérations que des motifs criminels! Ici, » c'est un voisin, un parent, un ami qu'on veut favoriser; là » un ennemi dont on veut se venger. Ailleurs, on veut mé- » nager un homme qu'on prévoit devenir collecteur à son tour, » et par qui l'on craindrait d'être augmenté. Tels sont cepen- » dant les effets de la méthode usitée jusqu'à présent, méthode » qui admet à cette gestion importante d'une justice distribu- » tive l'homme inepte et partial comme l'homme vertueux et » instruit. C'est avec raison qu'un sage administrateur a dit » que *la confection des rôles se ressentait du caractère de ceux* » *qui les faisaient et des motifs qui les animaient, en ce que* » *les collecteurs y imprimaient leurs craintes, leurs faiblesses,* » *leurs vertus ou leurs vices.* »

Comme les collecteurs étaient responsables, même par corps, de leur recette, il ne fallait pas attendre d'eux beaucoup d'in-

---

(1) *Essai sur la nature et la répartition de l'impôt en Auvergne*, par un habitant de la province (Mabru). Clermont 1787. — Sur cet ouvrage, voir aux Pièces justificatives, n° IV.

(2) *Essai sur la nature et la répartition de l'impôt en Auvergne*, par Mabru. Clermont, 1787.

dulgence ou de tolérance. Au moindre retard, les malheureux taillables voyaient arriver les garnisaires, *ces gens devenus le fléau des campagnes qu'ils ont désertées par paresse* (1), ou, comme dit plus énergiquement encore un Mémoire de l'Assemblée d'Election de Saint-Flour, *cette troupe hideuse de malheureux qui, ayant perdu l'habitude du travail, et par conséquent plongés dans la misère, semblaient altérés du sang de leurs semblables.*

Forcés par état d'être peu endurants, les collecteurs étaient choisis dans des conditions qui rendaient les vexations encore plus sensibles, encore plus écrasantes. Ils étaient pour la plupart ignorants et pauvres. Dans les campagnes, il n'y avait pas un dixième des collecteurs qui sût suffisamment lire et écrire. Et cet état d'ignorance les exposait continuellement à être dupes ou fripons. « L'argent levé dans le village pendant » la semaine n'était porté sur les rôles que le dimanche par » quelque écrivain du chef-lieu ; il s'ensuivait inévitablement » des erreurs, des confusions de paiement (2). »

Comme, grâce à la surcharge des impôts, les paroisses pauvres n'étaient pas rares en Auvergne à cette époque, et que chaque paroisse fournissait ses collecteurs, comme d'autre part, chaque contribuable devait être collecteur à son tour, plus de la moitié de ces percepteurs d'impôts étaient de véritables indigents. De là, d'autres abus. « Leur misère ne leur permettant » pas de faire de leurs deniers les avances nécessaires au com- » mencement de l'exercice, temps où le recouvrement est dif- » ficile, ils s'adressent à de petits usuriers qui leur prêtent à » gros intérêt, sous la promesse encore qu'ils extorquent de » diminuer leur cote au département. Situation déplorable » qui force ces malheureux à commettre des injustices pour » favoriser ceux même qui les ruinent (3). »

---

(1) Procès verbal de l'Assemblée de l'Election de Clermont en 1788, p. 205.
(2) *Mémoire de l'Assemblée d'Élection de Saint-Flour sur les réformes à faire dans le recouvrement des impôts*, annexé au procès verbal de l'Assemblée provinciale, page 271.
(3) Mémoire de l'Election de Saint-Flour, précité.

C'était bien pis encore quand les collecteurs étaient des femmes. Car dans certaines paroisses montagneuses, il arrivait fréquemment que, les maris ayant émigré pour aller au loin gagner quelque argent, la collecte était faite par des femmes, dont l'ignorance dépassait certainement de beaucoup celle des hommes.

Tous ces abus, les Assemblées d'Election les avaient vus ; plusieurs les avaient signalés. La Commission de l'impôt chercha les moyens d'y porter remède.

Elle présenta à l'Assemblée provinciale un rapport circonstancié, dans lequel elle faisait énergiquement ressortir le misérable état où était réduite la province, par suite de la surcharge des impôts, et indiquait provisoirement quelques moyens pour arriver à atténuer autant que possible les inconvénients de cette situation déplorable.

Applaudissant à ce rapport, dont il est regrettable que l'auteur ne soit pas cité, et adoptant entièrement ses conclusions, l'Assemblée provinciale, dans sa séance du 1er décembre 1787, arrête entre autres résolutions :

« 1°. *De prier M. le président de présenter au roi l'état* » *affligeant de la province et de solliciter une diminution* » *sur les tailles.* »

Le total de la taille et de ses accessoires était, pour l'Auvergne, y compris la capitation et le don gratuit, de 6,660,723 livres (1) pour une population de 681,500 habitants ; c'est-à-dire que, s'il faut en croire le rapport du bureau de l'impôt, les cotes les plus modérées dans certaines paroisses étaient de 14 sous pour livre du revenu (2), sans y comprendre les ving-

---

(1) Procès verbal de l'Assemblée provinciale, page 248.

(2) « Les deux lignes de la taille forment une base reconnue de plus de » 9 sous par livre du revenu ; mais ce n'est pas à ce taux déjà si considérable » que se borne l'imposition de l'Auvergne ; le bureau a reconnu en frémissant » que plusieurs collectes payent la taille à raison de 16 à 17 sous, et les plus » modérées à raison de 14 sous. Les preuves en sont sur le bureau ; elles sont

tièmes, les impositions locales et les taxes multipliées sur tous les objets de consommation.

C'était exorbitant ; et l'on comprend sans peine les plaintes réitérées que ne cessaient de faire entendre les malheureux habitants de la province. Il fallait bien que le mal fût grand pour que le bureau se décidât à faire des protestations aussi véhémentes que celles contenues dans son rapport.

« Depuis 1763, dit-il en un passage, les tailles ont reçu
» en Auvergne un accroissement incroyable. Le don gratuit,
» par exemple, qui n'était alors que de 72,670 livres, est au-
» jourd'hui porté à 150,000 livres, et n'est point compris dans
» le brevet général de la taille..... Il est notoire, non-seule-
» ment à la province d'Auvergne mais à tout le royaume, au
» Conseil même, que cette Généralité est chargée à un point
» que nulle autre ne l'égale, et que, si l'on ne trouve quel-
» ques moyens d'améliorer son sort, la misère qui enfante le
» désespoir rendra déserte une province fertile et peuplée d'ha-
» bitants sobres, laborieux, fidèles (1). »

On pourrait suspecter peut-être les chiffres et les appréciations présentées à l'Assemblée provinciale, dont les membres étaient les représentants des parties intéressées ; mais un homme dont le témoignage ne peut être soupçonné de partialité, Necker, qui était mieux que personne en position de connaître la quotité des impositions de chaque Généralité, convient que dans la Généralité de Riom, *l'imposition de la taille est très-forte* (2).

Necker ajoute que les contributions de la Généralité de Riom peuvent s'évaluer en tout approximativement à douze millions 800 mille livres, c'est-à-dire en moyenne à 18 livres

---

» consignées dans les registres de la Cour des Aides et des siéges des Élections.
» Elles le sont encore plus dans les rôles des paroisses, où l'on trouve une in-
» finité de cotes faites sur les biens abandonnés que les collecteurs afferment,
» et dont le produit souvent ne suffit pas pour le payement de l'impôt. » (Procès-verbal de l'Assemblée, page 253).

(1) Page 254.
(2) *Administration des finances de la France*, tome 1, page 196. Ouvrage publié en 1785.

16 sols par tête d'habitant. Si l'on rapproche cette évaluation de celle qu'il donne pour les autres Généralités du royaume, on reconnaît que sur 31 Généralités, il y en a une (celle de la Rochelle) dont les habitants sont imposés au même taux que les habitants de l'Auvergne, dix-sept dont les habitants sont plus imposés, et douze où ils le sont moins. Seulement, il est à remarquer que presque toutes les Généralités qui sont plus imposées que celles de Riom, sont des pays riches par leur commerce et par leur industrie. Ainsi, les Généralités d'Aix et Marseille, de Lille, de Lyon, de Montpellier, de Paris, de Valenciennes, d'Orléans, de Metz, les trois Généralités de Normandie, qui tenaient et exploitaient presque tout le commerce de la France, ne peuvent entrer en parallèle avec un pays de simple production comme l'Auvergne, dépourvu d'industrie, sans routes, sans débouchés et bloqué par les douanes. Peu importent les charges, lorsque les ressources sont immenses. En Auvergne, comme le disait plus tard le compte-rendu de la Commission intermédiaire, *nul commerce ne dédommageait du poids des impôts.*

Envisagé à fond, le tableau comparatif des impositions provinciales dressé par Necker en 1785, n'est donc pas fait pour infirmer cette vérité répétée sous toutes les formes par l'Assemblée provinciale : qu'il n'y avait pas en France de province plus surchargée d'impôts que l'Auvergne.

« 2°. *De solliciter l'extinction des accessoires de la taille
» à époques fixes, qui ont cessé, et pour des objets momen-
» tanés.* »

Ce n'était pas par esprit de dénigrement systématique que les hommes les plus considérables de l'Auvergne, réunis en Assemblée, s'attaquaient ainsi aux principaux impôts perçus pour le compte de la monarchie ; c'était l'excès des abus qui les décidait à des réclamations aussi radicales.

Si l'impôt de la taille proprement dite était abusif dans son taux, dans sa répartition et dans sa perception, ce qu'on était convenu d'appeler *accessoires de la taille*, ne l'était pas moins.

Après avoir, par des augmentations incessantes, porté le chiffre de la taille à un taux énorme, incroyable, on s'était arrêté comme par pudeur. Les ministres des finances voulant satisfaire aux exigences de plus en plus pressantes du Trésor royal et des courtisans qui vivaient à ses dépens, et n'osant plus cependant, pour employer une expression populaire, n'osant plus pratiquer directement de nouvelles saignées à la bourse des contribuables, on avait imaginé de biaiser, de prendre une voie détournée, pour augmenter quand même le fardeau des tailles. De nouvelles impositions avaient été créées et ajoutées successivement à la taille sous le titre d'*accessoires*.

On vit paraître ainsi à divers intervalles : un impôt pour la restauration des ponts de Tours et de Cé ; un impôt pour la construction des canaux de Picardie et de Bourgogne et les réparations nécessaires à la navigation de la Charente ; un impôt pour l'établissement de levées le long de la Loire ; un autre pour l'entretien des chemins du Languedoc ; un autre pour l'entretien des pépinières de mûriers ; d'autres pour subvenir aux frais d'une Académie d'équitation à Riom ; pour les convois militaires, les transports des équipages, les dépenses des haras, la solde et l'entretien des milices et bien d'autres encore.

Chaque période ministérielle, chaque année même voyait naître quelque nouvelle contribution, tellement que l'accessoire arriva bientôt presque au niveau du principal.

Bon nombre de ces objets de dépense existaient avant la création des accessoires et étaient payés par le Trésor, sans augmentation d'impôts pour les contribuables (1).

Mais ce temps-là était passé. Depuis longues années déjà, à côté du brevet ou budget établissant la quotité de la taille

---

(1) Les charges comprises dans le second brevet de la taille, sous la » dénomination d'*accessoires*, à l'exception du premier article concernant le » quartier d'hiver et autres dépenses militaires, ne faisaient pas partie des » impositions de la province en 1763. Cependant la majeure partie de ces » charges existait ; elles étaient acquittées sur la masse générale des imposi- » tions ou sur les revenus du domaine. » (*Compte de l'administration de la province d'Auvergne en* 1788, 1789 *et partie de* 1790 *présenté par la Commission intermédiaire*, p. 12. — Clermont, Delcros, 1790.)

à imposer, paraissait chaque année un second brevet, une sorte de budget additionnel.

Dans le principe, le second brevet de la taille comprenait l'énumération détaillée et la quotité de chacun de ces impôts divers à durée limitée, classés sous le nom d'*accessoires*. Mais cette manière de procéder finit par paraître une entrave à un pouvoir ennemi de la discussion, à une administration peu soucieuse de produire au grand jour les moyens qu'elle employait pour remplir les coffres du roi. Pour éviter des réclamations, toujours désagréables, pour pouvoir sortir de la légalité sans crainte des investigations de l'opinion publique déjà en éveil, on avait imaginé, en 1780, de réunir en une seule masse d'imposition tous les accessoires de la taille. De la sorte, on ne publiait plus que le chiffre total du brevet des accessoires, sans aucun détail (1). Grâce à ce voile ainsi jeté sur une partie de ses manipulations et combinaisons financières, le Gouvernement espérait pouvoir impunément, sans crainte de paraître vouloir violer ses engagements, perpétuer des impositions temporaires et momentanées, mettre en particulier à la charge de toutes les provinces des dépenses d'un intérêt local très-restreint, ou des dépenses directement à la charge de l'Etat (2), et retenir pendant plusieurs années au Trésor des sommes imposées pour une destination spéciale nommément indiquée (3).

(1) « Le détail des accessoires n'existe plus dans le brevet général. On ne
» peut donc plus connaître leur objet et leur durée. » (Procès verbal de l'Assemblée provinciale, page 253).

(2) « *Dépenses des turcies et levées des rivières de Loire et autres*: 66,222 li-
» *vres*. — Observation. L'emploi de ce fonds n'est pas connu. Il paraît que
» la province n'en tire aucun avantage. Au reste, cette dépense est une charge
» de l'État à laquelle la masse générale des impositions était employée avant
» l'imposition particulière dont il s'agit. » (Observation sur le second brevet de la taille dans le *Compte-rendu, par la Commission intermédiaire*, page 15).

(3) « *Dépenses pour la reconstruction des ponts de Tours, de Cé et autres...*
» — Observation. Si le fonds était employé dans la province, il n'y aurait pas
» lieu à réclamation. Ce fonds n'est employé à sa destination que depuis 1786.
» La majeure partie était retenue précédemment au Trésor royal. » (*Compte-rendu de la Commission intermédiaire*, page 14).

» *Dépenses des canaux de Picardie, de Bourgogne, etc.* — Observation.
» Si la province doit contribuer aux canaux des autres provinces, elles de-

Par suite de cette obscurité répandue à dessein sur cette portion importante des contributions publiques, il était assez difficile à l'Assemblée de se former une opinion basée sur des preuves récentes et de prendre une décision formelle. Elle ne pouvait que formuler ses vœux d'une manière générale. C'est ce qu'elle fit.

Le bureau des impôts avait été obligé, comme le fut plus tard la Commission intermédiaire, pour se rendre compte de l'imposition des accessoires, de prendre pour point de départ le dernier brevet contenant le détail de cette nature d'impôts. C'était le brevet de l'année 1779. On était fondé, du reste, à considérer ce brevet comme encore exact dans les détails, puisque, loin de diminuer, le chiffre total n'avait fait que s'accroître.

Le brevet de 1779 portait le total des accessoires de la taille à 1,379,606, et celui de 1788 à 1,392,424 livres. Il y avait donc eu en neuf ans, sur ce chapitre, une augmentation de 12,818 livres au détriment de la province.

Mais l'augmentation n'était pas le seul grief à imputer au Gouvernement en cette matière. Les recherches du bureau de l'impôt, confirmées par celles consignées plus tard au compte-rendu de la Commission intermédiaire, établissent, avec toute la certitude possible, que parmi les impôts accessoires, bon nombre figuraient encore au budget, alors que l'objet auquel ils avaient été affectés n'existait plus depuis longtemps, alors que la dépense à l'occasion de laquelle l'*accessoire* avait été établi n'avait plus de raison d'être.

Ainsi, figuraient toujours au brevet des accessoires :

Les sommes imposées pour la reconstruction des ponts de Tours et de Cé et autres ponts en ruine, alors que ces ponts étaient réparés depuis plusieurs années;

Les sommes imposées sur la portion de l'Auvergne sujette aux petites gabelles, pour la réparation des chemins du Lan-

---

» vraient, par réciprocité, contribuer à la construction du pont de la Bajasse
» (près Brioude), dont la dépense est considérable. » (*Ibidem*, page 15.)

guedoc, alors que ces chemins étaient depuis longtemps remis en état et que les provinces du Languedoc ne payaient rien plus pour cet objet (1) ;

Les sommes imposées pour les milices, bien que les milices n'eussent pas été rassemblées depuis huit ans et ne reçussent ni solde ni habillement depuis cette époque (2) ;

Ainsi encore, les sommes imposées pour l'entretien des gardes-côtes qui cependant n'avaient d'existence qu'en temps de guerre.

On ne sait comment qualifier de tels abus.

« 3°. *De supplier Sa Majesté de mettre un frein à la*
» *location et vente des charges qui donnent des priviléges, et*
» *d'obliger les privilégiés quelconques à asseoir leurs privi-*
» *léges sur un bien déterminé.* » — L'Assemblée chargeait ensuite les Assemblées d'Election de veiller à l'exécution des lois sur l'exercice des priviléges et à la répression des abus.

Ce n'étaient pas seulement les besoins du roi et ceux de l'Etat qui faisaient si fort augmenter la taille ; il y avait d'autres causes à cette augmentation. Nous en avons déjà indiqué une en exposant les vices du mode de répartition en usage ; mais il y en avait encore d'autres. La plus importante, c'étaient les abus qui se commettaient à l'endroit des priviléges.

Chaque année, la collation de nouveaux priviléges faisait distraire des portions considérables de la masse des biens sujets à la taille ; et la taille ne diminuait pas pour cela. La part des biens exonérés était supportée par *le demeurant des taillables*. C'était une pratique souverainement injuste et désastreuse ; mais, avant les Assemblées provinciales, qui eût osé s'élever contre elle ou seulement la signaler ?

« Une des principales causes de la surtaxe prodigieuse de la
» province, dit le rapport du bureau de l'impôt, c'est le
» nombre inconcevable des privilégiés qui s'accroît chaque jour

---

(1) Procès verbal de l'Assemblée provinciale, page 259.
(2) *Idem*, page 252.

» en Auvergne par le trafic et la location des charges ; il y en
» a qui, dans moins de vingt ans, ont anobli six familles, ce
» qui forme peut-être quatre-vingts chefs de famille jouissant
» des priviléges de la noblesse. Le roi touche le prix des
» charges, la capitation se retient sur les gages au Trésor royal,
» et l'imposition reste néanmoins dans la province et est ac-
» quittée uniquement par les cultivateurs. Il est de la sagesse
» et de la bienfaisance du roi de mettre un frein à ces mar-
» chés onéreux et en général à tout nouveau privilége qui est
» une double charge pour le peuple, et qui, dans un siècle,
» finirait par anoblir tout le royaume. Si ce malheur arrivait,
» il n'existerait plus d'Etat, puisqu'il serait privé de ce qui
» en fait le soutien, etc... (1) »

L'Assemblée d'Election de Riom avait été plus véhémente encore contre les priviléges, dans sa séance du 24 octobre 1787 :

« Un autre abus, dit son procès-verbal, est celui des
» privilégiés. L'intention de l'Assemblée ne sera jamais de
» vouloir attenter aux droits de la naissance, aux récom-
» penses méritées et aux charges établies ; mais elle a pensé
» qu'il est affligeant et injuste que ce soit le peuple qui paie
» les bienfaits du souverain. Il lui a paru de la justice exacte
» du roi, que ce soit son trésor qui souffre la diminution
» d'impôts occasionnée par les privilégiés ; d'autant que Sa
» Majesté reçoit deux fois la valeur de cet impôt, puisque les
» cotes privilégiées sont rejetées sur les autres contribuables
» de la collecte, et que les privilégiés payent en augmentation
» de capitation, la noblesse par ses services et les charges par
» les droits de finances et autres, ce qui fait un double em-
» ploi. Si l'Assemblée provinciale se charge de faire parvenir
» cette injustice révoltante au pied du trône, nul ne doute
» que cet abus énorme ne soit rectifié. L'assurance en est
» dans le cœur du roi, qui est encore plus le père que le
» maître de ses sujets (2). »

(1) Procès verbal de l'Assemblée provinciale, page 255.
(2) *Archives départementales. — Fonds de la commission intermédiaire.* — Procès verbal inédit de l'Assemblée d'Élection de Riom. Session d'octobre 1787.

Il se faisait, en effet, un trafic indécent et scandaleux des charges anoblissantes de *secrétaires du roi*. Il n'était plus besoin d'en être propriétaire réel. Il suffisait de l'être en apparence, d'en porter le titre pendant quelque temps, au moyen d'une location, pour avoir droit aux priviléges qui y étaient attachés. Voici à peu près comment on procédait : Le titulaire faisait à son locataire une sorte de vente simulée; mais, par une contre-lettre écrite et signée de sa main, le locataire s'obligeait à rendre la charge dès l'instant que les priviléges lui seraient acquis. On convenait aussi que les gages de l'office seraient touchés par le titulaire vendeur, tous pouvoirs lui étant donnés à cet effet par le soi-disant acquéreur qui lui payait en outre une somme de quinze à vingt mille livres.

Grâce à ce système odieux, au bout d'un siècle ou deux on serait arrivé à anoblir tous les gens possédant de quoi payer la location d'une charge. Mais le Gouvernement se souciait bien de cela. Le Trésor y trouvait son compte, la vanité et l'intérêt des candidats à la noblesse trouvaient à se satisfaire, le reste importait peu. Les taillables voyaient bien leurs charges augmenter tous les jours; la misère en forçait un grand nombre à s'expatrier; mais le Trésor recevait double et même triple finance : finance de la charge transmise, capitation du nouveau noble, impôt des biens. Mais les courtisans voyaient augmenter le chiffre de leurs pensions. S'il y avait quelques inconvénients d'un côté, n'étaient-ils donc pas rachetés?

« 4°. *De supplier Sa Majesté d'autoriser, par forme d'es-*
» *sai, les Assemblées d'Election à supprimer le nombre actuel*
» *des collecteurs., et à donner la levée des deniers royaux à*
» *bail au rabais sous valable caution, etc.* »

Nous ne reviendrons pas sur ce que nous avons déjà exposé touchant les nombreux abus résultant de l'organisation des collecteurs; le bureau de l'impôt, pour faire preuve de son bon vouloir à guérir ou sinon à soulager toutes les plaies laissées par les anciennes administrations, fit adopter à l'Assemblée quelques mesures générales. Mais la question n'avait pas été étudiée à fond. Le temps avait manqué. On chargea les Assemblées d'Election et la Commission intermédiaire provinciale de s'occuper activement des réformes à introduire dans cette importante partie d'administration.

§ II. — Vingtièmes.

L'impôt du vingtième avait été établi par déclaration royale du 14 octobre 1710. Proposé originairement par Vauban qui voulait en faire un impôt unique substitué à tous les autres, il avait été appliqué par le ministre Desmarets pour faire face aux frais de la guerre. Seulement il vint s'adjoindre aux impôts existants et ne les remplaça pas. Depuis lors, il avait subi nombre de variations et transformations. Tour à tour supprimé, rétabli, modifié, augmenté, débaptisé, prorogé, remanié, attaqué par le clergé et les privilégiés, il avait résisté et survivait à toutes les vicissitudes. Les impôts ont la vie dure.

Cet impôt était le vingtième des revenus de toute nature pouvant appartenir aux sujets du roi. Revenus des terres, des maisons, des usines, revenus des rentes, des droits seigneuriaux, revenus des charges, emplois et pensions, revenus des octrois et biens communaux, revenus du clergé et de la noblesse, des roturiers comme des privilégiés, rien n'échappait à l'impôt. Seulement les pays d'Etats s'étaient abonnés pour des sommes fixes, et le clergé s'était racheté en octroyant au roi des dons gratuits.

En 1787, il se percevait deux vingtièmes et quatre sous pour livre du premier vingtième.

Les propriétaires devaient faire la déclaration de leurs biens aux préposés de l'intendance, sous peine du double dixième en cas de retard ou de fausse déclaration.

Là encore les abus étaient grands. Le législateur avait cependant prévu bien des difficultés, paré à bien des erreurs possibles, entouré l'assiette et la perception de cet impôt de bien des formalités, de bien des précautions pour éviter des injustices. «... Les dispositions précises de la loi que les con-

» trôleurs des vingtièmes ont à exécuter, leur imposent l'obli-
» gation impérative de faire par chaque paroisse un registre
» de tous les biens fonds par leur contenance et leur valeur ;
» d'en connaître les productions par un recensement exact des
» différentes denrées suivant le prix des marchés et suivant
» l'usage habituel des lieux ; de se faire représenter les baux
» à ferme, s'il y en a, et, faute de baux à ferme, de faire
» comparaison des biens fonds non affermés avec ceux qui le
» sont, pour estimer la valeur inconnue des uns par la valeur
» connue des autres ; de se transporter sur le terrain avec des
» habitants instruits pour asseoir avec plus de sûreté l'évalua-
» tion de chaque fonds ; enfin de lire le résumé de leur tra-
» vail en présence de personnes les plus expérimentées de cha-
» que paroisse, pour que l'évaluation de chaque bien fonds
» puisse être contredite en leur présence par les proprié-
» taires (1). »

Mais les déclarations des propriétaires étaient souvent erronées, et, ne l'eussent-elles pas été, qu'on les considérait toujours comme telles ; mais les baux étaient fictifs ; mais les contrôleurs chargés des vingtièmes, habitués pour la plupart à vivre dans les villes, n'ayant souvent aucune idée de l'évaluation des biens ruraux, se trouvaient dans l'impossibilité d'apprécier équitablement la matière imposable ; mais il n'y avait aucun cadastre, aucun arpentage géométrique indiquant la mesure exacte de chaque parcelle et pouvant fournir une base certaine aux évaluations et comparaisons.

La porte était donc ouverte à toutes les vexations que pouvaient imaginer l'ignorance, la fiscalité (2), l'incurie ou la cu-

---

(1) *Essai sur la nature et la répartition de l'impôt en Auvergne*, p. 92.

(2) « L'esprit du fisc possédait tellement quelques contrôleurs des vingtièmes
» que sur les réclamations faites par différentes communautés dans lesquelles
» ils avaient fait des vérifications exactes, suivant eux, les unes ont été réduites
» d'un quart, les autres d'un sixième du montant des vingtièmes auxquels
» elles avaient été imposées. La justice qui leur a été rendue est sans doute la
» preuve la moins équivoque de l'irrégularité, pour ne pas dire de l'injustice,
» de leurs procédés. » (*Essai sur la nature et la répartition de l'impôt en Auvergne*, page 99.)

pidité des préposés. Ce n'est donc pas sans motifs que l'auteur contemporain déjà cité a pu dire : « Malgré les désirs, les or-
» dres et les précautions du législateur, l'impôt du vingtième
» est nécessairement arbitraire. Cette vérité devient bien plus
» importante et moins équivoque si l'on calcule l'intérêt per-
» sonnel des contrôleurs du vingtième dans l'accroissement de
» cet impôt, par les gratifications que ce même accroissement
» leur occasionne (1). »

En présence de cette situation des contribuables livrés presque sans recours aux caprices de l'arbitraire, tout le monde en était venu à comprendre la nécessité d'une réforme ou du moins de modifications importantes. Malheureusement, le ministère de qui aurait dû partir l'initiative, le ministère avait besoin d'argent ; et ce fut ce besoin, très-mauvais conseiller, qui fut le seul mobile de sa conduite.

« Les circonstances présentes, est-il dit dans les instruc-
» tions royales transmises à l'Assemblée par l'intendant, les
» circonstances présentes exigeant un supplément de revenus,
» Sa Majesté a reconnu que l'imposition du vingtième, perçue
» d'une manière uniforme, offrait un moyen d'autant plus
» juste de se le procurer, que ce moyen ne fera que rétablir
» la proportion de l'imposition à l'égard de ceux des proprié-
» taires qui ne l'acquittaient qu'incomplétement, sans qu'il en
» résulte pour ceux qui payaient exactement les vingtièmes et
» quatre sous pour livre du premier vingtième de leurs revenus,
» aucune espèce d'augmentation. »

Avide et besogneux, le ministère augmente les impôts, mais il veut dissimuler cette augmentation sous le voile d'un principe d'équité. Il proclame l'égalité devant l'impôt des vingtièmes ; il veut, dit-il, *faire cesser les exceptions qui s'étaient introduites à l'égard de quelques propriétaires;* c'est-à-dire, sans ambages, qu'il lui faut de l'argent, et que, pour nous servir d'une locution devenue banale, il veut encore une fois tenter de plumer la poule sans la faire crier.

---

(1) *Essai sur la nature de l'impôt* (déjà cité), p. 95.

Pour faciliter l'arrivée des fonds au Trésor, il offre aux provinces de contracter un abonnement fixe pour les vingtièmes, *après les avoir mises à portée de connaître elles-mêmes la juste proportion dans laquelle elles devront contribuer à l'impôt.*
« Mais, ajoutent les instructions, la faveur d'un abonne-
» ment ne pourra être accordée qu'aux provinces dont les
» offres seraient relatives à leurs véritables facultés et corres-
» pondraient à la somme que le roi retirerait de l'imposition
» s'il jugeait à propos de la faire percevoir en exécution de ses
» ordres.

Par l'abonnement, les provinces sauront d'avance le chiffre exact qu'elles devront payer ; elles pourront faire par elles-mêmes des répartitions plus équitables que celles faites par les agents du fisc. Mais ce sera tout le bénéfice de l'abonnement. Le Trésor n'entend faire aucune réduction sur son chiffre.

Ce qu'il y a de plus singulier, de plus inique dans les instructions, c'est que, après avoir déclaré que l'Assemblée serait mise à même de connaître les bases sur lesquelles a été fixé le chiffre de l'impôt, le Gouvernement se refuse à communiquer les pièces et documents d'après lesquels ces bases ont été établies, avant que l'Assemblée n'ait demandé et le roi accordé l'abonnement. Il veut bien que la lumière se fasse, mais seulement lorsqu'il n'y aura plus rien à éclairer, lorsque tout sera consommé. « Si le vœu de l'Assemblée, dit-il, était un abon-
» nement et qu'elle eût pris une délibération à cet effet,
» cette délibération sera envoyée au Conseil par le président
» de l'Assemblée, et, lorsque l'abonnement aura été ac-
» cordé par le roi, M. l'intendant donnera ordre au directeur
» des vingtièmes de remettre à l'Assemblée tous les ren-
» seignements qui auront servi de base à la quotité de l'im-
» position. »

Les instructions avaient été remises à l'Assemblée sous le couvert du nom royal, mais on n'en fit remonter la responsabilité qu'aux ministres indignes que la faiblesse de Louis XVI s'était laissé imposer. Toute dévouée qu'elle était à la monarchie, l'Assemblée d'Auvergne résista aux exigences du

Gouvernement. C'était chose nouvelle et rare à cette époque que de voir une Assemblée de sujets instituée par édit royal, osant soutenir énergiquement ses droits à l'encontre des ordres d'un Gouvernement absolu, et en face de cette devise non encore effacée sur la personne royale : L'Etat, c'est moi.

Le bureau de l'impôt étudia consciencieusement et discuta minutieusement le projet du Gouvernement aussi bien que le permettait le peu de temps laissé par les instructions (1). Il examina d'abord s'il était avantageux de solliciter un abonnement, et ensuite à quelle somme on pourrait le porter.

Un certain nombre de membres combattirent l'abonnement par ce motif, qu'il était inutile en tant que préservatif contre un accroissement de charges. *La surcharge prodigieuse de cette province*, disaient-ils, *met à l'abri de toutes craintes d'augmentation*. Ils prétendaient au surplus que la province verrait avec étonnement que des personnes n'émanant pas du choix des contribuables, que des personnes nommées par le roi se crussent autorisées à demander un abonnement fixe pour plusieurs années, et qu'il n'y avait que des Etats provinciaux qui eussent mission de résoudre une question de cette nature.

La majorité du bureau fut d'un avis contraire, et le rapport déposé à la séance du 21 novembre proposa à l'Assemblée de consentir à un abonnement. Ce serait le moyen de devenir maître de l'impôt des vingtièmes, et, par là, de soulager la province en mettant fin aux abus par une répartition plus équitable et par un mode de recouvrement moins dispendieux et moins vexatoire. Quant à l'objection tirée du défaut de compétence de l'Assemblée que mettait en avant la minorité du bureau, le rapport répondait : « Que la province penserait sû-
» rement que des membres tirés de son sein pour faire ses af-
» faires, nommés par le roi à cet effet, avaient, quoique pri-
» vés du bonheur d'être choisis par elle, autorité suffisante

---

(1) Les instructions demandaient qu'il fût statué promptement au sujet de l'abonnement des vingtièmes, afin que le roi eût le temps de faire connaître sa réponse avant la clôture des séances de l'Assemblée provinciale.

» pour faire en son nom un traité qui, en écartant l'arbitraire,
» laisserait quelque espérance d'amélioration. »

Le bureau concluait donc en faveur de l'abonnement. Seulement, au lieu d'un abonnement de un million 807 mille livres demandé par le roi, déduction faite de la part à la charge des biens ecclésiastiques (ce qui donnait une augmentation de plus de 360 mille livres), le bureau, *pénétré de respect et d'attachement pour le roi, mais sentant avec douleur que l'état de ses finances ne lui permettait pas de se livrer aux mouvements de son cœur,* le bureau proposait un abonnement au taux actuel des vingtièmes, c'est-à-dire à la somme fixe de 1,298,493 livres, montant de ce qui entrait dans les coffres du roi, tous frais déduits. « La province d'Auvergne, ajoute
» le rapport, a plus consulté son amour pour la personne sa-
» crée du roi que ses forces en lui proposant un abonnement
» aussi éloigné de ce qu'elle devrait payer.... Tout a été exa-
» miné et calculé avec le scrupule et l'exactitude que deman-
» dait une matière aussi importante, soit pour répondre au
» compte que nous devons rendre à nos concitoyens, soit pour
» édifier le conseil du roi avec la vérité la plus exacte sur la
» valeur réelle et les vrais intérêts de cette province (1). »

Vu l'importance de la question, l'Assemblée renvoya la discussion à une autre séance.

Le lendemain 22 novembre, après une discussion approfondie, l'Assemblée se prononça pour le principe de l'abonnement et nomma une Commission spéciale pour la rédaction de la délibération. Cette Commission, composée de l'évêque de Saint-Flour, de l'abbé Ordinaire, du marquis de Laqueuille, du marquis de Lafayette et de MM. Chabrol, Brunel, Branche et Leygonier de Pruns, se mit sur-le-champ à l'œuvre, et le projet de délibération, rédigé par Lafayette dans des termes

(1) Procès-verbal de l'Assemblée, p. 175. — Dans une lettre au contrôleur général, en date du 27 novembre, l'intendant contesta la véracité de quelques assertions du rapport sur les vingtièmes et demanda la suppression au procès-verbal de passages par lui incriminés. Nous reproduirons cette lettre aux Pièces justificatives, n° V.

respectueux mais fermes, fut adopté à la séance du 23 novembre 1787.

Dans cette délibération remarquable, l'Assemblée, après une analyse sommaire des instructions royales, constate d'abord qu'ayant reçu ces instructions le 12 novembre, elle a dû, pour avoir le temps de recevoir une réponse, n'employer que neuf jours à l'examen et à la solution d'une question *sur laquelle le Gouvernement, après 77 ans de travail, n'a pas encore de notions certaines*, et que pour cela il a fallu *tourner vers ce grand objet l'attention de tous ses membres même au préjudice des occupations qu'elle s'était proposées*. Elle discute ensuite l'augmentation demandée. *Privée des lumières de l'administration jusqu'après sa décision*, il lui a été impossible de concevoir *sur quelles bases le Gouvernement avait pu fonder le calcul exorbitant énoncé dans ses instructions*. Elle termine en offrant au Gouvernement de se charger de la perception des vingtièmes.

Qu'on nous permette de reproduire ici cette conclusion. Elle fera, mieux qu'une analyse, comprendre l'esprit et les intentions de l'Assemblée.

« L'Assemblée, considérant qu'elle est incompétente pour
» risquer de délibérer sur un consentement à de nouveaux
» impôts, surtout s'il s'agissait de proposer l'abonnement in-
» diqué, dont elle ne connaît les bases que par des erreurs,
» elle a unanimement pensé qu'elle outrepasserait ses pou-
» voirs et tromperait les vues bienfaisantes du roi, si elle solli-
» citait un abonnement supérieur à la somme déjà excessive
» et disproportionnée des vingtièmes actuels ; et elle préfére-
» rait alors de se borner à recommander les malheureux con-
» tribuables à la bonté, à la justice de Sa Majesté et à la pro-
» tection des lois.

» Mais l'Assemblée, considérant aussi que le projet du
» Gouvernement ne tend pas seulement à augmenter les re-
» venus, mais aussi à soulager les peuples par une forme
» moins dure de perception..... elle a cru concourir à l'ac-
» complissement des vues bienfaisantes du roi, en offrant de

» se charger de la perception des vingtièmes aux conditions
» suivantes :

» Sur la somme actuelle des vingtièmes montant à 1,441,993
» livres, dont il faut déduire 31,000 livres de frais, 60,000
» livres de non valeurs, 52,500 livres pour les taxations de
» receveurs et collecteurs, il entre net dans les coffres du roi
» 1,298,493 livres. C'est cette dernière somme de 1,298,493
» livres que l'Assemblée se chargerait de rendre annuellement
» au préposé de Sa Majesté, en outre du produit des ving-
» tièmes que le roi peut retirer des domaines, apanages, et
» de l'ordre de Malte dans cette province. Bien entendu ce-
» pendant, que la partie de l'abonnement qui répond au se-
» cond vingtième, estimée à 648,897 livres, doit finir aux
» termes de l'édit du 19 septembre enregistré dans les cours;
» se réservant l'Assemblée de supplier le roi de faire cesser,
» le plus tôt possible, le premier vingtième, et d'admettre la
» province aux faveurs et diminutions qui pourront avoir lieu,
» attendu que les citoyens réunis par le roi ne proposent ici,
» pour répondre aux vœux paternels de Sa Majesté, que de
» se mettre à la place des préposés actuels, se réservant aussi de
» prouver, par la suite, que non-seulement un surcroît de
» taxes était physiquement impossible, mais que la continua-
» tion des impôts actuels de l'Auvergne serait évidemment
» injuste et destructive (1). »

Grand émoi et grande irritation au ministère devant cette résistance inattendue (2). Aussi la réponse du Gouvernement

---

(1) Procès-verbal de l'Assemblée, p. 184.

(2) L'Auvergne ne fut pas la seule province qui fit un mauvais accueil aux projets du ministère. Pour différents motifs, les assemblées de Lyon, de la Lorraine, de Tours, d'Auch et de Poitiers, ne firent point non plus d'abonnement pour l'impôt des vingtièmes. D'autres s'abonnèrent avec une foule de réserves et de restrictions. Ainsi l'Assemblée d'Alsace, étant sur le point de se séparer avant d'avoir reçu la réponse du roi au sujet de sa proposition d'abonnement, recommanda à la Commission intermédiaire de conclure l'abonnement sous la condition expresse que les princes étrangers, clergé et autres privilégiés seraient soumis à l'imposition, sans quoi l'augmentation demandée ne pouvait avoir lieu. (*Résultat des Assemblées provinciales.* — Bruxelles, 1788.)

ne se fait-elle pas attendre. Le 6 décembre, l'Assemblée reçoit communication d'une lettre en date du 4, par laquelle le contrôleur général des finances lui annonçait que le roi chargeait son commissaire de faire connaître sur-le-champ ses intentions au sujet de la délibération du 23 novembre, et lui permettait de remettre à l'Assemblée les états nécessaires pour l'éclairer sur les bases des calculs adoptés par le Gouvernement.

En prescrivant la communication des Etats qui avaient servi pour les calculs de l'administration, le Gouvernement avouait une partie de ses torts. Une communication de ce genre était en effet toute naturelle ; elle était même de droit, et le Gouvernement n'aurait pas dû attendre qu'elle lui fût réclamée.

Par le fait, l'Assemblée avait obtenu satisfaction sur un point, mais elle recevait d'autre part une admonestation des plus sévères ; l'irritation des ministres éclatait à chaque passage des nouvelles instructions.

« Si l'Assemblée se fût bornée, comme elle le devait, di-
» sent ces instructions, à présenter au roi le tableau de la si-
» tuation de la province, et des faibles ressources qu'elle
» trouve dans son sol, par le défaut de débouchés et par le
» peu d'industrie et commerce qui y existe ; les résultats
» qu'elle croit avoir acquis sur l'émigration de ses habitants,
» et enfin toutes les autres considérations qu'elle eût cru pro-
» pres à intéresser la sensibilité de Sa Majesté en faveur de
» ses concitoyens, le roi eût écouté avec bonté ses représen-
» tations ; et, sans croire entièrement à des détails exagérés
» que leur motif eût justifiés à ses yeux, il eût pesé dans sa
» sagesse jusqu'à quel point il pouvait être juste d'accorder à
» cette Généralité une faveur qui ne tirera point à consé-
» quence vis-à-vis des autres provinces. Sa Majesté saura tou-
» jours concilier, avec l'attention qu'elle doit aux besoins de
» l'État, les mouvements de sa bonté, de sa justice et de sa
» bienfaisance.

» Mais que l'Assemblée provinciale, oubliant le seul objet
» de sa mission, se permette, après que le roi lui a fait con-

» naître les lois constitutives d'une imposition, de douter de
» la validité des dispositions de la plus récente, d'en détourner
» le véritable sens, et enfin d'atténuer les dispositions posi-
» tives des lois antérieures auxquelles le dernier édit se réfère;
» c'est ce que Sa Majesté a dû voir avec autant de surprise
» que de mécontentement, et ce qu'elle ne tolèrera jamais.
» . . . .

» En conséquence, le commissaire du roi fera connaître à
» l'Assemblée provinciale d'Auvergne, que l'abonnement que
» Sa Majesté permettait à cette Assemblée de lui offrir était
» une faveur dont elle n'a pas su profiter, puisque l'effet de
» cet abonnement eût été de faire payer moins à la province,
» au lieu de la mettre dans le cas de payer davantage par la
» perception effective.
» . . . .

» Que la voie de l'abonnement eût été le moyen le plus
» avantageux pour la province de parvenir à l'égalité propor-
» tionnelle, si elle eût profité de la bienveillance de Sa Ma-
» jesté : mais qu'au surplus l'accroissement plus considérable
» qui résultera de l'exécution des édits de mai 1749 et sep-
» tembre 1787, n'ajoutera rien à la contribution de ceux qui
» paient dans ce moment dans la véritable proportion de leur
» revenu, ainsi que Sa Majesté l'a déjà fait déclarer à l'As-
» semblée ; et ne sera que le résultat, soit du rehaussement
» légitime de la contribution de ceux des propriétaires qui
» paient trop modérément, soit du contingent fourni par ceux
» qui, jusqu'à présent, avaient échappé à l'imposition ou en
» avaient été dispensés.

» Le commissaire du roi fera connaître enfin à l'Assemblée
» qu'elle s'est écartée des fonctions que le roi lui avait permis
» d'exercer sous son autorité, et qu'elle doit désormais s'oc-
» cuper avec plus de soins et de mesures, de justifier sa con-
» fiance et celle de la province dont elle aurait pu mieux sti-
» puler les véritables intérêts. »

Quoique vivement impressionnée, l'Assemblée ne se décon-
certa pas devant cette rude semonce. Le 10 décembre, après

examen dans tous les bureaux des états communiqués par l'administration, une réunion générale a lieu où l'on discute à nouveau la question des vingtièmes et la réponse à faire au roi. Une Commission spéciale est nommée, composée de MM. l'abbé de la Mousse, l'abbé Ordinaire, le marquis de Lafayette, d'Esperouse, Chabrol et Branche; et le lendemain 11 décembre, M. de Lafayette soumet à l'Assemblée, qui l'adopte, une délibération dans laquelle, tout en exprimant sa profonde douleur, sa consternation en face *des marques inattendues du mécontentement du roi, tout en abjurant les expressions qui auraient pu déplaire à Sa Majesté, l'Assemblée déclare hautement qu'elle doit à la patrie, au roi lui-même de persister dans les sentiments qui ont fait le fonds de sa première délibération.*

« L'Assemblée, dit-elle en terminant, prend la liberté
» d'observer que les impôts réunis de l'Auvergne sont au-
» delà de toute proportion et privent déjà le peuple d'une
» partie essentielle de sa subsistance; de manière que tout
» accroissement de charges augmentant aussi le nombre des
» champs abandonnés et des cultivateurs forcés à l'émigra-
» tion, tournerait au détriment des finances de Sa Majesté,
» en même temps qu'elle répugnerait à son cœur.

» L'Assemblée ose espérer que Sa Majesté, touchée de la si-
» tuation particulière de cette province, daignera ne pas re-
» jeter sa première proposition; elle la réitère avec confiance
» aux pieds d'un roi chéri, dont elle tient une existence qu'elle
» s'empressera de consacrer à la gloire et à la satisfaction de
» Sa Majesté, essentiellement liées au bonheur de ses peu-
» ples. »

L'affaire en resta là. L'impôt des vingtièmes ne subit aucune augmentation dans la province d'Auvergne (1).

---

(1) *Voilà bien du bruit pour une pauvre somme de 360 mille livres!* dit M. de Lavergne à propos de cet incident. (*Les Assemblées provinciales sous Louis XVI*, page 207). Nous ne pouvons vraiment pas comprendre l'espèce de parti pris avec lequel M. de Lavergne attaque les délibérations de l'Assemblée provinciale d'Auvergne. Quoi qu'il en dise, l'Auvergne était surchargée d'impôts outre mesure ; le fait est reconnu par Necker lui-même, ainsi que nous l'avons

§ III. — Capitation.

La capitation était une sorte d'impôt personnel. Elle avait été établie, pour la première fois, par une déclaration royale du 18 janvier 1695, pour subvenir aux dépenses considérables qu'entraînait la guerre qui se termina par le traité de Ryswick ; elle ne devait durer que trois ans. La promesse royale fut tenue. En 1698, la capitation fut supprimée ; seulement on la rétablit en 1701 sur les mêmes bases qu'en 1695.

En principe, cet impôt devait peser sur tous les habitants, eu égard à leur fortune. Ils étaient divisés pour cela en vingt-deux classes, dont la première, à laquelle appartenait le dauphin, était taxée à deux mille livres, et la dernière à vingt sols. Il n'y avait d'exempts que les taillables dont la cote était inférieure à 40 sols, les indigents et les ordres mendiants.

Mais bientôt cette apparente égalité cessa. Les priviléges apparurent. Dès 1710, le clergé se fit exempter de la capitation en payant au roi une somme six fois égale à sa contribution d'une année. Plusieurs villes se rachetèrent comme le clergé ; d'autres, ainsi que plusieurs pays d'Etats, contractè-

---

indiqué plus haut. N'était-elle donc pas en droit de faire entendre ses plaintes lorsqu'on voulait la surcharger encore ? L'Assemblée provinciale n'avait-elle donc pas mission de résister aux exigences toujours plus grandes d'un ministère qui gaspillait les ressources de la nation en dépenses inutiles ou inavouables ? N'avait-elle pas le devoir de protéger, dans la mesure de ses forces, fût-ce contre le pouvoir même, la fortune et l'existence de ses concitoyens ?

Du reste, au moment où éclata cet incident, l'opinion se rangea généralement du côté de l'Assemblée d'Auvergne.

« La réponse de l'Assemblée d'Auvergne, dit un contemporain, déplut au
» ministre, et l'intendant fut chargé de marquer son mécontentement à la
» province. L'humeur peut être excusable dans les personnes surchargées de
» travail. Cependant, ne serait-il pas utile au bien public que chaque ministre
» se rappelât toujours le mot que LUCIEN, dans ses Dialogues, fait dire à
» MERCURE : *Jupiter, tu prends ton tonnerre, tu as donc tort !* » (*Résultat des Assemblées provinciales*, Bruxelles, 1788, page 72).

Et d'ailleurs, en ne passant pas outre, le ministère reconnut implicitement la légitimité de la protestation de l'Auvergne.

rent des abonnements. Quant aux nobles, ils se firent donner des receveurs spéciaux qu'ils payèrent plus ou moins exactement, certains de trouver des accommodements.

En somme, la capitation arriva à peser, comme les autres impôts, presque uniquement sur la masse des taillables.

Le système de graduation de l'impôt suivant les classes ne dura guère. La répartition de tous les habitants du royaume en vingt-deux classes seulement était un vice. Il était impossible d'embrasser en si peu de divisions la diversité des fortunes et des conditions. On y renonça, mais pour prendre un système peut-être plus vicieux encore. On chargea les intendants de dresser les rôles de la capitation d'après leur propre appréciation. C'était donner à l'arbitraire une investiture légale. Aussi l'arbitraire eut-il libre cours, les remontrances des cours et parlements en font foi.

La répartition de la capitation se faisait sur tous les habitants au marc la livre de la taille. Dans le principe, on défalquait du rôle général le montant de la capitation des privilégiés, c'est-à-dire des nobles, des officiers de justice, des employés des fermes et des villes franches et abonnées. L'excédant était réparti au marc la livre de chaque élection. A partir de 1781, en Auvergne du moins, on changea de mode de procéder.

« Aujourd'hui, dit un contemporain déjà cité, on a inter-
» verti cet ordre en imposant d'abord strictement la capita-
» tion sur les non privilégiés au marc la livre de leur taille,
» et ce qui reste de cet impôt est réparti sur les privilégiés,
» de manière que si le principal de la taille pouvait éprouver
» une augmentation, il en résulterait que, par ce procédé, le
» montant de la capitation serait absorbé sur les taillables et
» qu'il n'en resterait rien pour être imposé sur les privilégiés,
» ce qui est contre toute justice et contre toute vraisem-
» blance (1).

(1) *Essai sur la nature et la répartition de l'impôt en Auvergne*, par un habitant de la province. 1787.

Et ce n'étaient pas là les seuls inconvénients. Par la répartition au marc la livre, on était arrivé à faire supporter la capitation par ceux qui en avaient été dispensés comme ne payant pas 40 sols de taille.

En somme, inégalité dans l'assiette, arbitraire dans la répartition, priviléges accordés à quelques-uns pour diminuer ou faciliter le paiement de leur quote-part, violation des exemptions accordées par le législateur, tout se réunissait pour faire de cet impôt une contribution impopulaire au dernier degré.

L'Assemblée provinciale d'Auvergne voulait s'occuper de la capitation comme elle s'était occupée des autres impositions. Son intention manifeste était bien de signaler tous les abus, de faire ressortir toutes les injustices. Mais la multiplicité de ses travaux, d'une part, et aussi la lenteur inséparable des hésitations et des tâtonnements d'une administration à son début, ne lui permirent pas de tout examiner, de tout approfondir à cette première session. Voici ce que dit à ce sujet le rapport du bureau de l'impôt présenté à la séance du premier décembre :

« Le bureau aurait désiré pouvoir vous présenter des obser-
» vations sur la capitation. La brièveté du temps l'a forcé à
» remettre ce travail à l'Assemblée prochaine. La seule ré-
» flexion qu'il se permette, c'est de vous faire remarquer que
» cet impôt établi en 1695 a cessé en 1698, a été rétabli en
» 1701 pour finir à la paix. Cependant il dure encore et a
» été considérablement augmenté. Il y a des réclamations
» universelles contre l'inégalité de sa répartition (1).

(1) Procès-verbal de l'Assemblée, p. 259.

CHAPITRE IV.

Travaux de l'Assemblée Provinciale.
PONTS-ET CHAUSSÉES.

En matière de ponts et chaussées, l'Assemblée, ou, pour elle, la Commission intermédiaire, avait été chargée par les instructions du roi, de diriger les opérations des ingénieurs et employés de l'administration, de procéder aux adjudications et réceptions des travaux des chemins, d'en faire surveiller l'exécution, et de délivrer des mandats d'à-compte aux adjudicataires, au fur et à mesure de l'avancement des ouvrages, le mandat final ne pouvant être délivré qu'après réception et en vertu d'ordonnance de l'intendant.

D'après les renseignements fournis à l'Assemblée par l'ingénieur en chef Pitot, la province d'Auvergne possédait en 1787 :

1°. Quatre grandes routes de première classe parcourant une étendue d'environ 536 kilomètres, savoir :

La route de Paris au Languedoc, par Riom, Clermont, Issoire et Brioude ;

La route de Brioude au Gévaudan, par la Chapelle-Laurent, Loubinet et Saint-Flour ;

La route de Lyon à Bordeaux, par Thiers, Clermont et Limoges ;

Et la route de Clermont au Quercy, par Tauves, Bort, Mauriac, Aurillac et Maurs.

Ces routes de première classe, correspondant à nos routes impériales, étaient, suivant les termes du rapport des procureurs syndics, *les grandes communications qui traversent le royaume.*

2°. Neuf routes de seconde classe, ouvertes sur une étendue de 452,866 mètres, savoir :

La route de Riom au Berry, par Combronde et Montaigut ;

La route de Montbrison, par Billom et Ambert ;

La route de l'Auvergne au Velay, par Courpière, Ambert et la Chaise-Dieu ;

La route de Saint-Flour à Aurillac, par Murat et Vic ;

La route de Saint-Flour au Rouergue, par Chaudesaigues ;

La route d'Aurillac au Rouergue, par Montsalvy ;

La route d'Aurillac au Limousin, par Montvert ;

La route de Brioude au Gévaudan, par Langheac ;

Et la route de Chabreloche aux limites du Forez.

Les routes de seconde classe étaient celles établies pour les communications de province à province.

3°. Douze routes de troisième classe, ouvertes sur une étendue de 224,294 mètres environ. C'étaient :

La route de Mauriac au Limousin, par Pleaux ;

La route de Pontary à Besse, par Champeix ;

La route de Lempdes à Loubinet, par Massiac ;

La route de Villeneuve et Fix à Allègre ;

La route de Brioude à Champagnat-le-Vieux, par Lamotte ;

La route de Lezoux à Maringues, par Joze-Tissonière ;

La route de Riom à Volvic.

La route du Trador à la rivière de Chavanon, par le Bourg-Lastic ;

La route d'Issoire à Saint-Germain-l'Herm et la Chaise-Dieu ;

La route de Clermont aux bains du Mont-Dore, par Murat-le-Quaire ;

La portion de chemin entre Billom et la grand'route ;

Et la portion de Saint-Just à Craponne.

Les routes de troisième classe étaient les routes de communication intérieure.

En tout, la province d'Auvergne avait environ 1,213 kilomètres de routes ouvertes, dont 835 à l'entretien (1). Dans

(1) Sans compter une route omise dans le rapport de l'ingénieur : la route de Thiers à Puy-Guillaume.

l'énumération que nous venons de faire, ne sont pas compris les chemins vicinaux pour les communications de village à village (1).

Cette étendue de routes paraît considérable. Mais quand on songe à la superficie de la province, évaluée par l'intendant Ballainvilliers à 800 lieues carrées; quand on considère que le département du Puy-de-Dôme seul, qui fait à peine la moitié de cette province, demande encore des routes, et que cependant il possède actuellement une longueur de 2,652 kilomètres environ de routes impériales, départementales ou vicinales livrées à la circulation, sans compter 98 kilomètres de chemins de fer, et près de 7,000 kilomètres de chemins vicinaux ordinaires (2); quand enfin on compare les soins incessants dont nos voies de communication sont l'objet avec la mauvaise construction et l'état de délabrement permanent où se trouvaient celles de 1787, on reconnaît que M. de Lafayette avait raison, dans son rapport sur l'agriculture, de se plaindre de la pénurie des routes en Auvergne (3).

Les travaux de ces routes étaient dirigés par un corps d'ingénieurs ainsi composé, savoir : un ingénieur en chef (M. Pitot), aux appointements de 2,200 livres; trois inspecteurs aux appointements de 1,800 livres; trois sous-ingénieurs aux appointements de 1,500 livres, et un géographe aux appointements de 800 livres (4).

Au-dessous des ingénieurs venaient des conducteurs et piqueurs, plus seize directeurs ou sous-directeurs de travaux,

(1) Ces chemins se faisaient à l'aide des fonds alloués par le Gouvernement pour les ateliers de charité. En 1787, il y avait une somme de 76,800 livres affectée à cet emploi en Auvergne.

(2) Rapport de M. GUILLEMOT, agent-voyer en chef du département, présenté au conseil général à la session de 1865.

(3) « La province, dit-il, a été tellement oubliée dans la distribution des » routes, qu'à l'inspection de la carte des postes, on serait tenté de croire que » cette partie du royaume n'est pas habitée. » (*Procès verbal de l'assemblée provinciale*, page 284).

(4) Notons que, outre les traitements que nous venons d'indiquer, il était accordé aux ingénieurs des gratifications annuelles. Ces gratifications, pour l'année 1787, se montaient à 5,700 livres à répartir entre eux.

préposés chacun à un atelier distinct de réparation ou de construction de routes.

Il était pourvu aux dépenses des routes, savoir : 1°. au traitement des ingénieurs et aux travaux d'art, au moyen d'une somme de 184 mille livres, allouée par le roi à la province sur les fonds des ponts et chaussées ; 2°. aux travaux d'entretien et de construction des chemins, au moyen des sommes provenant des fonds représentatifs de la corvée. Cet impôt s'élevait dans la province à 310,350 livres.

La corvée, cette institution si justement et si profondément odieuse aux populations, avait été abolie définitivement et convertie en une prestation en argent, par une déclaration royale du 27 juin 1787. Turgot l'avait fait abolir une première fois, en 1776 ; mais comme il avait assujetti tout le monde, même les privilégiés, à l'impôt représentatif, le Gouvernement n'avait pu maintenir longtemps une mesure que le Parlement, entre autres, regardait comme subversive de la distinction des trois ordres. Il avait donc fallu temporiser et revenir aux anciens usages. Cette fois, la conversion avait été éprouvée par les Assemblées provinciales du Berry et de la Haute-Guienne et sanctionnée par l'Assemblée des Notables. Aussi n'avait-elle pas rencontré d'opposition sérieuse.

Nous n'avons pas l'intention d'analyser en entier le rapport du bureau des ponts et chaussées, et de désigner toutes les réparations en cours d'exécution ou à exécuter sur chacun des chemins de la province. Nous mentionnerons seulement les principaux vœux et les décisions les plus importantes de l'Assemblée sur cette partie de ses attributions.

Relativement à l'entretien et à la construction des routes. — Le bureau fit adopter par l'Assemblée les propositions de l'ingénieur en chef, avec la recommandation expresse de n'ouvrir pour le moment aucune route nouvelle et de se borner à des réparations. Le bureau constatait, du reste, dans son rapport que la plupart des routes de la province étaient *vicieuses dans leur primitive construction*, se dégradaient tous les ans, et seraient d'un entretien ruineux, *jusqu'à ce que la province eût adopté ce qui se pratique avec succès en d'autres pays où toutes les vieilles routes ont été munies d'un empierrement uniforme et solide,* et que d'autres offraient les plus choquantes irrégularités, larges à l'excès dans les terrains fertiles et *mesquinement étroites* en d'autres endroits.

Le bureau indiquait aussi comme très-utile la création de plusieurs nouveaux chemins, entre autres : le chemin de Riom à Maringues par Ennezat ; le chemin de Billom à Thiers par Mozun et Courpière ; le chemin de Vic-le-Comte à Billom, nécessaire pour mettre en communication les villes d'Issoire et de Billom, etc.

Il demandait, dans l'intérêt des personnes obligées de voyager dans la saison des neiges, le rétablissement des grandes bornes indicatives, placées par les ordres de l'intendant Ballainvilliers, sur chaque bord de la route de Bordeaux au défilé des Goules, près les montagnes du Puy-de-Dôme (1). Le bureau signalait encore le mauvais entretien du pavé des villes dans la traversée des routes ; le défaut de police dans les villages *où le paysan étale sur les chemins un fumier destructeur ; les arbres mal espacés, plantés trop près de la route, ou trop écrasés, qui gênent le passage, ôtent la vue et entretiennent sur les bas côtés une nuisible humidité.* Mais les occupations plus urgentes de l'Assemblée ne lui permirent pas de porter son attention sur ces divers abus et l'obligèrent à remettre à une autre session le soin d'y porter remède.

Enfin, le bureau des ponts et chaussées fit part à l'Assemblée d'une proposition de M. de la Millière, intendant général des ponts et chaussées, qui, dans l'intérêt de la conservation des routes, demandait qu'il fût prescrit à tous les rouliers de se servir de roues à larges jantes. Renseignements pris, et

---

(1) L'Assemblée ne prit aucune décision spéciale sur cet objet. Ce fut la Commission intermédiaire qui, le 16 juin 1788, décida la plantation aux Goules de 25 pyramides pour servir à guider les voyageurs en temps de neige. Elles devaient être placées sur une étendue de 1,200 toises, et devaient coûter environ 57 livres chacune. (*Archives départementales.— Fonds de la Commission intermédiaire. — Registre des délibérations*).

tout en reconnaissant les avantages du système proposé, le bureau était d'avis de laisser à l'expérience le soin de propager librement une méthode nouvelle, en se bornant à la recommander, *sans y contraindre les rouliers d'une province qui n'avait d'ailleurs que trop d'entraves à son commerce*. Ces sages et libérales conclusions furent adoptées par l'Assemblée.

Relativement aux travaux d'art, l'Assemblée, conformément au rapport du bureau, arrêta, entre autres décisions, l'avant-projet des travaux de reconstruction du pont de la Bajasse près Brioude, et affecta à ces travaux, pour l'année suivante, une somme de 70 mille livres (1).

(1) Le pont de la Bajasse n'avait été terminé qu'en 1756. Mais la construction avait été mal faite. Des éboulements et dégradations majeures le rendirent en peu d'années impraticable, et nécessitèrent sa reconstruction. Plusieurs projets avaient été soumis à l'administration supérieure, mais aucun n'avait abouti. Parmi ces projets nous en citerons un émanant d'un ancien officier du génie, originaire d'Issoire, M. Dumontat. Voici la lettre assez confuse d'ailleurs, et mal écrite, que l'auteur adressa à ce sujet à la Feuille hebdomadaire :

Du 29 novembre 1783.

« Monsieur,

« Un pont qui a coûté un million et quinze ans de travail, à peine étant fini,
» s'est écroulé entièrement, à être forcé de ne pouvoir jamais songer à le
» refaire dans le même lieu. Une personne qui a travaillé au génie militaire
» dans l'empire, en rentrant en France, a fait présenter par défunt M. le
» marquis de Lugeac, à M. le duc de Choiseul : un nouveau système de for-
» tification ; des pompes perpétuelles pour les vaisseaux, une manière plus
» commode de porter le fusil, quatre ponts différents pour surprendre les
» villes, passer des ruisseaux, des rivières, des ravins, ou éviter des embarras
» qui se trouvent dans les grandes montagnes. Il y a vingt ans qu'il devança le
» moyen qu'un Anglais vient de fournir pour aller sous l'eau. Il le fit offrir
» de même au ministère. Mais ce qu'il croit digne dans cet instant de préfé-
» rence de l'adoption la plus marquée, ou par les particuliers ou par le Gouver-
» nement, c'est un pont qu'il présenta il y a huit ans. Sans le préjugé tyran
» des provinces, on l'aurait employé. Enfin, la communication du Languedoc,
» de la Provence et des Pyrénées en partie, avec la France par l'Auvergne,
» étant interceptée dans la saison la plus dure, un très-beau chemin neuf bien
» exécuté devenant inutile, on a bien voulu recourir à lui ; et il vient de don-
» ner à la subdélégation de l'intendance de Clermont, le plan et le devis qui
» attirera les regards du patriotisme et du Roi, sans doute sur le bonheur
» d'une invention qui réduit et rabaisse à un vingtième à peu près le temps et
» le prix de ces sortes d'entreprises. Il s'exécute en toutes saisons, dure éter-

Le défaut de fonds fit remettre à des époques ultérieures différents travaux non moins importants, tels que : la construction du pont de la Dore, sur la route de Clermont à Lyon par Thiers, et la construction d'un pont sur la Sioule à Pontgibaud.

En outre, l'Assemblée supprima les seize places de directeurs des travaux qui étaient à la charge de la province. Ces employés qui avaient pour mission principale de diriger les travaux des corvéables, lorsque la corvée était soldée en nature, n'avaient plus d'utilité réelle depuis la conversion.

Quant aux chemins vicinaux et aux ateliers de charité affectés à la construction de ces chemins, l'Assemblée décida qu'elle maintenait l'usage établi d'après lequel, les propriétaires ou paroisses qui obtenaient un atelier de charité, s'obligeaient à contribuer aux dépenses dans la proportion du tiers ou du quart des fonds qui leur étaient délivrés.

» nellement, au moins trois ou quatre siècles, sans craindre le moindre échec
» sur quelque fleuve, torrent ou rivière qu'il soit placé, se plie, se double
» ou se simplifie, est préférable à tout ce qui est connu dans ce genre, non-
» seulement en ville, mais à l'armée. On a proposé un prix à l'Académie qui
» doit animer le génie créateur. Mais quelque sublime que soit la combinaison
» qui sera couronnée, elle ne pourra durer quatre siècles et plus, ne réduira
» pas 50 mille livres un pont d'un million, ou à 500 mille livres celui de 9
» ou 10 millions, et ne sera pas fini dans deux, dans quatre, dans six mois au
» plus, s'il le faut, ne pourra se transporter et transplanter avec la vitesse d'un
» pont d'armée, sans nuire en rien à la permanence. En petit enfin, des ponts
» de mille écus reviennent à 500 francs. Belle jouissance pour les amateurs
» du progrès des arts et des sciences ! Le beau sexe, les voyageurs et les com-
» merçants peuvent se délecter. Ces sortes d'édifices, multipliées sur les ri-
» vières, fleuves, ruisseaux, remplaceront et remédieront aux catastrophes des
» bacs, gués, bateaux, pourvu que les ingénieurs des chemins, craignant de
» n'être pas assez occupés par cette observation, ne les rejettent et ne les fassent
» rebuter. Si quelque grand seigneur ou quelque ville ou province, indépen-
» dants de ces Messieurs, veulent s'en pourvoir, ils auront la bonté de s'adres-
» ser à M. Dumontat, ancien ingénieur de l'Empereur, et à M. le comte, à
» Brioude.

» Je vous serai infiniment obligé, Monsieur, de vouloir bien me faire le
» plaisir d'insérer dans votre feuille cet avis intéressant pour tout le royaume.
» Vous obligerez sensiblement celui qui a l'honneur d'être, etc.

» Dumontat. »

Elle décida aussi qu'à l'avenir la distribution et répartition des fonds de charité seraient faites par le bureau de bien public, qui pourtant ne pourrait statuer sur les demandes faites qu'après avis préalable du bureau des ponts et chaussées (1).

CHAPITRE V.

Travaux de l'Assemblée provinciale.

AGRICULTURE, INDUSTRIE, COMMERCE, etc.

Le bureau de bien public avait à s'occuper d'objets bien divers. L'agriculture, l'industrie, le commerce, les encouragements à donner aux inventions et perfectionnements utiles aux populations, tout cela était de son ressort. Mais l'Assemblée était de création trop récente, et sa session de trop courte durée, pour qu'elle pût approfondir suffisamment tous ces objets. Aussi le bureau se borna-t-il dans deux rapports rédigés par M. de Lafayette à appeler l'attention de l'Assemblée sur les abus les plus criants, sur les principales améliorations exigées par les circonstances. L'Assemblée prit quelques décisions, mais, plus généralement, renvoya à la Commission intermédiaire l'examen et souvent même la solution des questions.

Nous parlerons seulement des décisions les plus importantes.

§ I. — Agriculture.

L'Assemblée était pleine de bonne volonté pour les intérêts de l'agriculture ; elle savait que le principal commerce de l'Auvergne consistait dans l'exploitation des richesses de son sol. Aussi voulait-elle encourager tout ce qui se rattache di-

(1) C'est le bureau de règlement qui avait présenté le rapport sur lequel les décisions relatives aux ateliers de charité furent prises par l'Assemblée.

rectement ou indirectement à la culture ; mais en agissant prudemment et en se tenant en garde contre une propagande trop précipitée de procédés nouveaux et non encore appuyés par l'expérience.

« Le paysan auvergnat, faisait observer avec justesse le rap-
» port de M. de Lafayette, et l'observation est encore appli-
» cable aujourd'hui, le paysan auvergnat, constant par ca-
» ractère, méfiant par expérience, n'aime pas les nouveautés.
» *Eclairer et encourager* doit être notre devise ; et, tandis
» que nous tiendrons un milieu entre l'esprit de système sou-
» vent démenti par la pratique, et l'esprit de routine toujours
» étranger aux progrès de son siècle, nous penserons que le
» bien ne s'opère qu'avec lenteur, qu'une petite amélioration
» est un salaire suffisant pour de grands travaux et qu'une vé-
» rité démontrée a besoin encore du secours de la persuasion. »

Entre autres résolutions intéressant l'agriculture, l'Assemblée, d'après les conclusions du bureau, charge la Commission intermédiaire de faire des démarches auprès du Gouvernement, afin d'obtenir l'établissement dans la province d'une corderie pour la marine. Les chanvres d'Auvergne sont excellents pour cet objet ; et, en 1690 et 1691, c'est grâce à eux qu'on a pu alimenter les ports de Brest, du Hâvre et de Rochefort.

L'Assemblée se préoccupe aussi de l'amélioration des bestiaux. Dans le but de régénérer les races de moutons, *toutes fort mauvaises*, établies dans la province, elle demande l'autorisation d'ouvrir une souscription pour faire venir des béliers et des brebis du Rouergue et du Berry. Elle voudrait aussi essayer de faire naître dans la Limagne une nouvelle industrie agricole : l'élevage des mulets. « La partie ma-
» récageuse de l'Election de Clermont, dit le rapport, ne
» produira jamais que des chevaux lourds, mal faits et sans
» nerfs, tandis qu'elle pourrait, à l'instar des marais du Poi-
» tou, élever des mulets de haute taille... » Et, pour favoriser des essais dans cette voie, l'Assemblée sollicite du Gouvernement les fonds nécessaires à l'achat de cinq baudets de Malte ou du Poitou.

Le dépérissement des forêts et la disette de bois qui en est la conséquence, occupe aussi l'Assemblée. Elle voudrait remédier à cet état de choses, faire faire des reboisements, prendre des mesures de conservation pour les bois des communes, etc. Mais la question est grave et ne peut être résolue sans des études approfondies. On en renvoie donc la discussion à une session ultérieure. Toutefois, il est une institution qui se rattache de près au reboisement et sur laquelle le bureau appelle l'attention de l'Assemblée. C'est l'institution des pépinières royales (1). Ne voulant pas supprimer ces établissements comme l'auraient voulu quelques-uns (2), et reconnaissant d'ailleurs qu'ils sont très-onéreux à la province, eu égard à leur utilité, l'Assemblée demande la suppression des places de directeur et inspecteurs des pépinières, la surveillance pouvant très-bien être exercée par les bureaux intermédiaires des Assemblées d'Election. Enfin, elle recommande à la Commission intermédiaire de régler le régime des pépinières avec la plus stricte économie, et d'accorder de préférence et gratuitement les arbres aux municipalités qui les distribueront aux propriétaires pauvres, les propriétaires aisés devant les payer à

---

(1) Les premières pépinières publiques de l'Auvergne, avaient été créées vers 1750 par M. de Moras, alors intendant. On ne voulait tout d'abord produire que des plants de mûrier blanc pour l'élevage des vers à soie : mais peu à peu on arriva à faire des pépinières de toute espèce d'arbres pour le repeuplement des forêts et la plantation des bordures des routes. — En 1787, l'Auvergne avait dix pépinières établies : à Riom, chez les Pères Carmes ; à Clermont, dans les terrains de l'Hôtel-Dieu ; à Chamalières, dans la propriété de Lassaigne, appartenant au collège de Clermont ; à Sayat ; à Saint-Genès ; à Pagnant, dans les marais, près Maringues ; à Brioude et à Issoire, pour la Basse-Auvergne ; à Aurillac et à Saint-Flour pour la Haute.

(2) M. de Lafayette, entre autres, aurait voulu, et il avait raison, ce nous semble, la suppression pure et simple des pépinières : « Les résultats sont peu
» satisfaisants, dit-il ; les arbres élevés dans de bons terrains, peu recherchés
» des cultivateurs pauvres, finissent par tomber dans les mains des riches, se
» gâter en route et périr dans le terrain médiocre où ils sont transplantés. L'in-
» térêt personnel qui crée partout des vendeurs d'arbres, les soins de la nature
» qui établit des rejetons partout où il y a des bois, ne dispenseraient-ils pas
» de ces établissements, dont le prix s'emploierait mieux en encouragements
» pour les planteurs ? » (*Procès verbal de l'Assemblée*, page 295).

raison de six sous par pied. Jusqu'alors, en effet, les propriétaires peu aisés, pour qui les pépinières avaient été plus spécialement créées, n'avaient presque aucune part à la distribution des arbres. Toutes les distributions se faisaient aux communautés religieuses, aux seigneurs, en un mot aux propriétaires riches.

§ II. — Industrie, Commerce.

L'Assemblée provinciale ne montra pas moins de sollicitude pour les intérêts industriels que pour les intérêts agricoles de la province. Manufactures de laines, corderies, papeteries, fabrication de fromages, etc., elle aborda presque toutes les questions ; mais le temps lui faisant défaut, elle laissa pour le moment les objets plus secondaires pour aller de suite là où les plus grands intérêts étaient en jeu, et où se rencontraient les injustices les plus révoltantes.

A ce point de vue, la question des douanes intérieures était de beaucoup la plus intéressante pour tous les habitants, qu'ils fussent agriculteurs ou commerçants.

Presque environnée par de hautes montagnes impraticables pendant une grande partie de l'année, sans canaux, sans autre rivière navigable que l'Allier, placée enfin dans une situation telle qu'elle ne pouvait avoir de débouchés commerciaux que du côté du Bourbonnais, l'Auvergne avait vu ces uniques communications barrées, murées, dans l'intérêt du fisc. Trois douanes, celles de Gannat, Vichy et Combronde, étaient venues successivement s'établir à l'entrée de ses trois principales routes ou voies navigables (1). Au moyen de ces barrières qui

---

(1) Voici par quels motifs les agents du Gouvernement défendaient l'institution de ces douanes pourtant si préjudiciables au commerce :

» L'affranchissement du droit d'aides dont jouit la province d'Auvergne,
» qui est réputée province étrangère, a été le motif de ces forts droits (de
» douane). Les habitants de Clermont et de la Limagne ont fait souvent des
» représentations pour en obtenir une modération, et ont représenté que ces
» droits empêchaient l'exportation de leurs vins, et privaient la province d'un
» commerce qui leur serait très-avantageux. Mais le conseil n'a jamais voulu

formaient comme un blocus au devant de l'Auvergne, et par l'effet des droits exorbitants qui y étaient perçus à l'entrée et à la sortie, le commerce et l'industrie agricole et manufacturière tendaient à s'annihiler dans la province. Surchargés et entravés comme ils l'étaient, les producteurs tombaient dans le découragement le plus complet. On le comprend sans peine.

« Il n'y a pas une branche d'agriculture qui puisse échap-
» per aux douanes, dit le rapport du bureau ; et pour n'en ci-
» ter qu'un exemple, le Français qui cueille du vin en deçà
» de la douane où cette denrée paie 8 sols par pot, est forcé
» par conséquent de le vendre 8 sols de moins que son con-
» citoyen, placé à quelques lieues plus bas ; il en résulte pour
» le cultivateur une taxe de 400 livres sur mille pots. D'un
» autre côté, le négociant qui aurait acheté dix mille pièces
» de vin à crédit, suivant l'usage, ne peut passer la douane
» qu'avec une avance de 80,000 livres ; de manière que l'Au-
» vergne ne doit espérer le débit de cette denrée, même à
» 8 sols par pot de perte, que lorsqu'il n'en reste plus dans
» les autres provinces. »

Le procès-verbal de l'Assemblée d'Election d'Issoire fait un tableau saisissant des déboires de toute nature que les douanes de Vichy et autres faisaient éprouver aux commerçants de l'Auvergne. On a de la peine aujourd'hui à se faire une idée juste de toutes ces entraves imposées aux relations commerciales. En voici une nomenclature faite, sans nul doute, par des témoins oculaires et victimes eux-mêmes :

« S'il arrive à Vichy un chargement de papier, de quin-
» caillerie et autres choses de ce genre, les suppôts de la
» ferme veulent tout voir, tout examiner et tout peser ; et ils

---

» avoir égard à ces représentations, et il faut convenir que, si ces droits
» étaient modérés, les provinces qui sont assujetties aux droits d'aides, n'au-
» raient plus le débit de leurs vins, que les habitants de l'Auvergne sont en état
» de donner à meilleur marché, et l'Auvergne se trouverait, au préjudice des
» autres provinces, jouir de l'exemption des aides, et avoir l'avantage de dé-
» biter facilement ses vins. » (*Etat de l'Auvergne en 1765, présenté par M. de Ballainvilliers, intendant.* Mémoire publié par M. BOUILLET).

» retiennent chez eux pour cet effet les marchandises et les
» conducteurs, ce qui occasionne aux marchands des pertes
» immenses qui ne se réparent jamais.

» S'il arrive des bateaux de vin, le vérificateur et le cour-
» tier-jaugeur, dont les intérêts sont ordinairement communs,
» se présentent. Il faut visiter le nombre des pièces, les ins-
» crire et les jauger. Le marchand va ensuite au bureau don-
» ner humblement son argent et attendre sans impatience qu'il
» plaise à M. le contrôleur de lui donner son acquit. La même
» cérémonie a lieu pour tous les bateaux individuellement,
» fussent-ils tous de la même grandeur et appartinssent-ils tous
» au même maître. Les déclarations sont demandées, mais elles
» ne sont point écoutées. Peu importe que le marchand sé-
» journe, qu'il perde, qu'il se ruine et qu'il en ruine d'autres.
» Pourvu que la douane soit payée, les plus grands maux
» d'ailleurs ne sont rien.

» L'inquisition des traitants va même jusqu'à exiger que la
» déclaration inutile du marchand soit de la dernière exac-
» titude ; et si, malheureusement, sur un bateau de pommes
» il y a erreur d'un panier, ou, sur un bateau de vin, erreur
» d'une pièce seulement, le pauvre marchand se voit livré,
» par la dureté des règlements, à la tyrannie d'une troupe de
» brigands qui, en le menaçant d'une rigoureuse confisca-
» tion, arrachent de sa frayeur souvent plus qu'il n'a et qu'il
» ne peut donner.

» Cependant, dans le temps qu'on visite, qu'on vérifie et
» qu'on retient un bateau, il en vient d'autres. Quelquefois,
» il s'en trouve cent et deux cents d'arrêtés. Les derniers
» sont obligés d'attendre que les premiers soient expédiés, ce
» qui double, triple et quadruple leur séjour et la dépense
» des conducteurs, et occasionne dans la même proportion
» autant de déchet sur la quantité et de diminution sur la
» qualité du vin. Ainsi le marchand, n'éprouvât-il dans sa
» route aucun des autres accidents qui sont si fréquents, se
» trouverait à son arrivée sans aucun profit et même souvent
» avec des pertes qu'il ne pourra supporter ; ce qui le décou-

» rage et l'oblige à recourir aux plus fâcheux expédients.

» D'un autre côté, pendant le séjour des bateaux à Vichy,
» la rivière, qu'on sait être sujette à des révolutions fré-
» quentes, diminue et finit souvent par n'être plus navigable
» au moment du départ. Dans cette circonstance fâcheuse,
» le pauvre marchand est obligé, pour se conduire jusqu'au
» Bec-d'Allier, d'acheter à Vichy des bateaux de l'Etat
» qu'une bonne politique n'y laisse jamais manquer. Ces ba-
» teaux, qui sont ordinairement fort chers par la nécessité où
» on se trouve de les employer, servent à partager la part
» des autres, et l'on prend pour les conduire de nouveaux
» mariniers qui, profitant également de la circonstance, se
» font payer le double du gage ordinaire, etc. (1)... »

Le rapporteur entre ensuite dans le détail de tous les droits de passage, courtage, jaugeage et d'octroi que les bateaux partant d'Auvergne ont à payer avant d'arriver à Paris, et il en vient ainsi à établir que la pièce de vin de vingt pots qui coûtait sur place trente livres, fût compris, revenait après son entrée à Paris à 124 livres quinze sols (2).

Après avoir lu ce tableau des misères du commerce sous l'ancien régime, on ne peut s'empêcher de trouver l'Assemblée provinciale bien modérée dans l'expression de son vœu, lorsqu'elle arrête : *de remercier Sa Majesté de l'assurance qu'elle a donnée de supprimer les droits de traite intérieurs, qui sont particulièrement à charge à l'agriculture et au commerce de cette province, et la supplie de mettre au plus tôt ce projet à exécution.*

Un autre abus, bien criant aussi et bien nuisible, eut à subir les justes attaques de l'Assemblée. Nous voulons parler du droit de marque sur les cuirs.

Abondante en bestiaux, l'Auvergne était en quelque sorte pré-

---

(1) Procès-verbal inédit des séances de l'Assemblée d'Élection d'Issoire en 1788. — *Rapport du bureau du bien public.* (*Archives départementales. — Fonds de la Commission intermédiaire*).

(2) Nous transcrivons cette nomenclature des droits et perceptions diverses aux Pièces justificatives, n° VI.

destinée au commerce des cuirs. Aussi les tanneries y étaient-elles devenues très-florissantes. Cette prospérité dura jusqu'au milieu du XVIIIe siècle. Mais en 1759, le Gouvernement, en quête de ressources, ayant imaginé d'imposer les cuirs et de n'en permettre le débit et l'expédition qu'après l'apposition d'une marque spéciale, le commerce de la tannerie ne tarda pas à décliner rapidement, au grand détriment de la province et du Trésor lui-même. Cette branche de commerce qui, à raison de la concurrence étrangère, aurait dû être encouragée et soutenue, fut mortellement atteinte par l'impôt.

« On sait, dit le rapport de M. de Lafayette, que la qua-
» lité des cuirs dépend de leur séjour dans la fosse ; qu'ils y
» prennent la consistance, le moelleux, la pesanteur, qui en
» font le prix ; et le droit, imposé à raison du poids, comme
» pour en interdire la perfection, semble placer une amende
» là où l'intérêt public voudrait qu'on établît une prime. Le
» transport des cuirs, s'ils ne sont pas très-mouillés, les fend
» et les racornit. Il faut donc ainsi, ou risquer ces avaries,
» ou payer le droit sur l'eau dont ils sont imprégnés. Nous
» ajouterons que cet impôt, aussi immoral qu'onéreux, est
» une source éternelle de fraudes et d'injustices (1). »

La marque imposée sur la marchandise n'était, du reste, pas une garantie certaine pour le négociant et ne le mettait pas toujours à l'abri des poursuites. L'empreinte pouvait se défigurer à raison de la faiblesse de la partie comprimée ; et, par suite, le fabricant le plus honnête, taxé de manœuvres frauduleuses, pouvait se trouver exposé, sans être coupable, à perdre son honneur et une partie de sa fortune.

Mais ce qui était bien plus désastreux que l'impôt lui-même, c'étaient les vexations auxquelles donnait lieu sa perception. Il n'y avait peut-être pas dans le régime fiscal de partie dans laquelle on procédât avec plus de rigueur et d'injustice. Les lettres patentes de 1772, la dernière loi édictée pour prévenir les fraudes en cette matière, présentaient un

---

(1) Procès-verbal, p. 295.

dédale de formalités dans lequel on ne cessait d'égarer les tanneurs, et fournissaient des occasions de les contrarier et harceler à chaque instant. Aussi ne s'en faisait-on point faute.

« Le fabricant de cuirs, dit un rapport déjà cité (1), est
» obligé de souffrir, le jour et la nuit, les visites, inventaires,
» recensements, vérifications, toutes les fois qu'il plaît aux
» préposés. D'où il arrive que, comme ces messieurs profitent
» du tiers dans les contraventions, ils n'oublient rien pour
» les rendre fréquentes. Fabriques, caves, cuvages, greniers,
» lits, armoires, tout est fouillé par ces préposés pour décou-
» vrir si aucuns cuirs ou peaux ont échappé à l'impôt. Cinq
» ou six fois par jour, le directeur lance ces hommes avides,
» et cinq ou six fois le fabricant voit renouveler sa douleur.

» C'est bien pis encore, lorsqu'arrive le contrôleur ambu-
» lant, dont les coups sont d'autant plus dangereux qu'il fait
» le mal lui-même à la tête de ses subalternes, le commande
» avec dureté et le livre sans pitié.

» C'est alors que dans une maison tout est mis au pillage.
» L'un garde une porte, l'autre une chambre, l'autre un
» cellier. Dans la maison, tout est en deuil. Les malheureux
» enfants qui ne savent discerner si ces satellites rigoureux
» n'attentent pas à la vie de leur père, crient, la mère gé-
» mit, et l'homme honnête, le père de famille, a besoin de
» toute sa prudence pour ne pas repousser par la violence ces
» exactions inouïes. Il devient plus malheureux encore si cet
» inquisiteur ambulant rencontre quelques cuirs sans marques.
» Ils sont saisis, confisqués. Le malheureux, qu'il soit riche,
» qu'il soit pauvre, qu'il ait douze enfants, qu'il n'en ait
» point, est condamné à une amende considérable. Il n'est pas
» surprenant que la morsure de cet ambulant soit dange-
» reuse, il n'a qu'un pas à franchir pour être directeur.....

» Qu'arrive-t-il de toutes ces entraves, de ces vexations?
» C'est que l'homme riche qui peut vivre sans ce commerce,

---

(1) Procès verbal des séances de l'Élection d'Issoire. — *Rapport du bureau du bien public.* — (Arch. départem. —*Fonds de la Commission intermédiaire*).

» l'abandonne, et l'homme pauvre le conserve par besoin et
» sans goût..... »

Le commerce de la tannerie était exposé à bien d'autres déboires encore. Le rapporteur du bureau du bien public d'Issoire a grand soin de les indiquer et de les faire ressortir. La mise en lumière de ces turpitudes administratives ne pouvait que hâter leur entière disparition.

Quoi qu'il en soit, le résultat presque immédiat de toutes ces inquisitions et vexations, fut, comme nous l'avons dit, l'anéantissement des tanneries d'Auvergne. Ainsi, l'Election de Clermont qui possédait avant 1759 soixante-huit tanneries établies à Clermont, Ardes, Besse, Billom, Chamalières, Lezoux, Tallende et Vic-le-Comte, n'en comptait plus que dix-sept en 1787. C'était une décroissance des trois quarts. Il en était de même dans les autres Elections. La ville d'Issoire qui avait eu jusqu'à trente tanneries, n'en avait pas une seule en 1787. A Riom, où il se préparait, en 1759, 9,250 cuirs de bœufs et 31,500 cuirs de moutons, ces chiffres étaient descendus à 668 peaux de bœufs et 3,977 peaux de moutons. C'était, comme on le voit, la ruine totale qui s'avançait à grands pas. L'Assemblée ne fit que son devoir en signalant la véritable cause de cette décadence d'une industrie à la conservation de laquelle on peut dire que tous les propriétaires de la province étaient intéressés (1).

§ III. — Bien public.

En s'élevant comme elle l'avait fait contre l'excès des impositions de toute nature, en signalant les vexations sans

(1) Voici la décision de l'Assemblée prise dans sa séance du 3 décembre 1787 :
« L'Assemblée a arrêté : 1°..... 2°..... 3°.....................
» 9° d'adopter toutes les vues du bureau sur les inconvénients de la marque
» des cuirs, laquelle tend à la destruction de cette fabrique, et a beaucoup
» diminué la population de plusieurs villes de la province : elle charge la Com-
» mission intermédiaire de prendre des renseignements sur le projet de l'abon-
» nement des tanneurs, en l'autorisant à présenter au conseil un mémoire à
» cet effet. (*Procès verbal de l'Assemblée provinciale*, page 313).

nombre dont les contribuables étaient l'objet, en cherchant à faire disparaître les entraves qui emmaillottaient l'industrie et le commerce, en s'occupant en un mot de tout ce qui avait trait à la richesse et au soulagement de la province, l'Assemblée provinciale avait sans contredit travaillé dans l'intérêt du bien public.

Mais il était d'autres objets non moins intéressants qu'on avait désignés, sous la dénomination spéciale d'œuvres de *bien public*, et qui avaient rapport à la santé, à la sécurité et au bien-être matériel et moral des populations. Ces objets fixèrent aussi, non sans raison, l'attention de l'Assemblée.

Le 6 décembre 1787, sur le rapport de Lafayette, dont on rencontre toujours le nom lorsqu'il s'agit d'un progrès à réaliser, l'Assemblée arrêta quelques mesures de bien public.

Entre autres résolutions, elle décida, conformément au vœu de l'Assemblée d'Election d'Aurillac, de demander au Roi le renouvellement de l'ordonnance de 1666, qui exempte de tout impôt le père de douze enfants vivants ou morts au service de l'Etat.

Voulant combattre le fléau de la petite vérole qui décimait encore les habitants de la province, elle accepta les offres de M. Monestier, médecin à Clermont (1), qui voulait bien se charger de rédiger une instruction sur les avantages et la pratique de l'inoculation.

De plus, elle sollicita du Gouvernement les fonds nécessaires à l'établissement d'un cours annuel d'accouchement dans quatre hôpitaux de la province.

---

(1) Séance de la Commission intermédiaire du 2 avril 1788 :
« Il a été remis sur le bureau deux mille exemplaires de l'ouvrage de
» M. Monestier, sur les avantages de l'inoculation et la manière de traiter
» les inoculés, rédigé d'après l'invitation qui lui en a été faite par l'Assemblée
» provinciale, dans sa séance du 6 décembre dernier.
» Arrêté de témoigner à M. Monestier la satisfaction de la Commission
» intermédiaire sur ce qu'il a rempli parfaitement l'attente de l'Assemblée, et
» de lui offrir le nombre d'exemplaires de son ouvrage qu'il pourra désirer. »
— (*Archives départementales. — Fonds de la Commission intermédiaire. 1er registre de délibération*, folio 40).

L'Assemblée se préoccupa surtout des moyens d'arriver à l'extinction de la mendicité. Connaissant l'effet moralisateur du travail, se basant sur cette idée que c'est, non pas la mendicité, mais les mendiants qu'il faut détruire, et qu'on ne peut interdire la mendicité que lorsqu'on a procuré des ressources à ceux qui la pratiquent, elle demanda des secours au Gouvernement et chargea la Commission intermédiaire de prendre les mesures nécessaires pour améliorer la situation du dépôt de mendicité établi à Riom, et pour procurer du travail aux indigents valides et de la nourriture aux infirmes, tout en les maintenant dans leurs villages d'origine.

Enfin, et pour couronner dignement ses résolutions bienfaisantes, l'Assemblée, obéissant au vœu de la province entière, voulut rendre hommage à la charité éprouvée et reconnue d'un de ses membres les plus modestes : Robert Heyrauld, bourgeois du Crest. Par un vote d'acclamation, elle décida qu'elle solliciterait pour lui le cordon de l'ordre de Saint-Michel.

Après avoir été pendant quelque temps intendant du seigneur d'Opme, Robert Heyrauld (né à Clermont vers 1712) était venu s'établir au village du Crest. Là, dans une maison qu'il avait fait bâtir et qui existe encore, il donnait libre cours à son humeur charitable et bienfaisante. Rebouteur des plus habiles, expert dans l'art de guérir les luxations et les foulures, de raccommoder les membres cassés ; aussi désintéressé qu'humain, il ne se contentait pas de courir les campagnes et d'aller où on l'appelait. De sa maison, il avait fait un hôpital où il soignait gratuitement et nourrissait à ses frais autant d'éclopés que ses appartements pouvaient en contenir.

« De toutes les extrémités de l'Auvergne, dit Legrand-
» d'Aussy qui avait pu s'en convaincre, on vient au Crest
» implorer ses soins ; et très-souvent on y a vu cinquante ou
» soixante personnes à la fois, qui toutes lui disaient comme
» jadis les malades à Jésus : *Maître, guérissez-nous* (1) ! »

(1) LEGRAND D'AUSSY. — *Voyage fait en 1787 et 1788 dans la ci-devant Haute et Basse Auvergne*, tome III, page 318.

Et, quand sa maison ne suffisait pas, il les logeait dans d'autres maisons du village. « Jamais, dit Legrand-d'Aussy, » il n'a refusé un pauvre. Sa femme et son fils le secondent » dans son inépuisable bienfaisance. On croirait voir une fa- » mille d'anges sur la terre. »

Appuyée sur un pareil dévouement à l'humanité, la popularité de Robert Heyrauld était immense. Aussi en se l'adjoignant comme collègue, et ensuite en demandant pour lui une distinction honorifique, les membres de l'Assemblée provinciale n'avaient-ils fait que subir l'ascendant de l'opinion publique.

Quel fut le sort de cette demande formulée par l'Assemblée provinciale? Nous avons regret de le dire, la demande n'aboutit pas.

A plusieurs reprises, après la session terminée, la Commission intermédiaire sollicita instamment du Gouvernement une solution conforme au vœu de l'Assemblée provinciale. Plusieurs fois le président, M. de Beaune, alla lui-même recommander aux ministres cet homme qu'une province entière acclamait comme un bienfaiteur. Démarches inutiles, Robert Heyrauld était de trop basse extraction; et c'était déjà bien de l'honneur qu'on lui avait fait en l'appelant à siéger dans l'Assemblée provinciale. On ne se soucia pas autrement de l'émotion populaire qu'un tel refus pouvait produire.

« Il a été fait lecture, dit le procès-verbal des délibérations » de la Commission intermédiaire, séance du 25 août 1788, » il a été fait lecture d'une lettre de M. Laurent de Ville- » deuil du 23 du présent, par laquelle ce ministre annonce » qu'il a rendu compte au Roi de la délibération que la Com- » mission avait prise, le 24 juin dernier (1), au sujet du sieur

---

(1) Voici cette délibération :

Extrait du procès-verbal de la séance de la Commission intermédiaire, du 24 juin 1788.

« M. le vicomte de BEAUNE a dit que l'Assemblée provinciale l'ayant chargé, » dans sa séance du 6 décembre dernier, de rendre compte au Gouvernement de » la conduite bienfaisante et désintéressée de M. HEYRAULD, et de solliciter

» Heyrauld, pour lequel l'Assemblée provinciale demande des
» lettres de noblesse. Sa Majesté a vu avec satisfaction le zèle
» avec lequel l'Assemblée provinciale et la Commission inter-
» médiaire s'empressent d'encourager ceux qui se rendent
» utiles à leurs semblables, mais elle a considéré que, quelque
» recommandables que soient les services du sieur Heyrauld,
» ils ne sont cependant pas de la classe de ceux qui méritent
» une distinction aussi précieuse que celle de la noblesse ; et
» que l'Assemblée provinciale, après avoir admis ce vertueux
» citoyen au nombre de ses membres, ce qui est déjà très-

» de la bonté du Roi la décoration du Cordon de Saint-Michel, comme une
» marque d'honneur si bien méritée par ce vertueux citoyen, il a présenté un
» mémoire à M. Amelot, secrétaire des ordres du Roi, pour le prier de mettre
» sous les yeux de Sa Majesté l'arrêté pris par l'Assemblée provinciale, le 6 dé-
» cembre ; et que ce magistrat lui a répondu le 16 du mois dernier, qu'il
» ne pouvait proposer à Sa Majesté pour l'ordre de Saint-Michel, que des
» personnes jouissant de la noblesse, et que M. Heyrauld n'étant pas dans ce
» cas, il avait regret de ne pouvoir entrer dans les vues de l'Assemblée provin-
» ciale. Mais que, dans cet état de choses, M. le vicomte de Beaune, toujours
» occupé de sa mission, et encouragé par la lettre que lui avait écrite la Com-
» mission intermédiaire, le 29 avril dernier, pour l'instruire de l'assiduité du
» sieur Heyrauld à soulager les malheureux, a adressé le 7 de ce mois un mé-
» moire à M. le baron de Breteuil, avec une copie de la lettre de la Com-
» mission du 29 avril dernier, et a prié ce ministre de vouloir bien les mettre
» sous les yeux du Roi, et solliciter de sa bonté des lettres de noblesse en
» faveur du sieur Heyrauld, enfin qu'il attendait une réponse du ministre sur
» cette affaire.
» Ce rapport terminé, la Commission, acquérant journellement de plus
» grandes preuves de la bienfaisance du sieur Heyrauld, persuadée que le vœu
» de la province serait rempli si celui formé par l'Assemblée provinciale s'ac-
» complissait ; a arrêté : De supplier M. le baron de Breteuil de vouloir bien
» se faire représenter : 1º. Le mémoire à lui adressé le 7 de ce mois par M. de
» Beaune ; 2º. la lettre de la Commission dont copie a été jointe à ce mémoire ;
» et de mettre sous les yeux du Roi, et d'obtenir de sa bienfaisance des lettres
» de noblesse en faveur du sieur Heyrauld, cette récompense étant la seule qui
» puisse flatter cet utile citoyen, dont l'âme délicate et désintéressée répugne-
» rait à toute gratification pécuniaire. — La Commission, pensant en outre
» que cette demande ne peut qu'être accueillie par tous les cœurs généreux et
» bienfaisants, a de plus arrêté d'adresser à M. le contrôleur général, copie de
» la présente délibération, de celle de l'Assemblée provinciale du 6 décembre,
» et du mémoire envoyé le 7 de ce mois à M. le baron de Breteuil, de sup-
» plier M. le contrôleur-général de s'intéresser au succès de cette demande. »
— (*Arch. départem.* — *Registre I de la Commission intermédiaire*, folio 85).

» honorable pour lui, pourrait peut-être trouver, dans les
» moyens qui sont à sa disposition, celui de le récompenser
» encore en délibérant à chaque tenue la remise qui lui serait
» faite d'une somme quelconque pour ajouter aux actes de
» bienfaisance qu'il exerce. Ce ministre prie la Commission
» de communiquer sa lettre à l'Assemblée provinciale, afin
» de lui faire connaître les intentions de Sa Majesté. — Ar-
» rêté que la lettre demeurera déposée aux archives, et qu'elle
» sera communiquée à l'Assemblée provinciale lors de sa pro-
» chaine tenue (1).

Le 11 décembre 1787, en vertu des ordres du Roi, l'Assemblée provinciale d'Auvergne se sépara. Sa session, qui devait être la dernière, avait duré trente jours. Comme nous avons essayé de le faire voir, ce court espace de temps avait été bien rempli. Avec une ardeur vraiment patriotique, tous les membres de l'Assemblée avaient pris une part active aux travaux. Si leurs efforts furent presque tous infructueux, la faute ne doit pas leur en être imputée. Nouveaux venus, et les traditions leur faisant défaut, ils avaient cherché à suppléer à leur inexpérience par un zèle dont on ne saurait trop leur tenir compte. Malheureusement le zèle ne suffit pas à tout.

En résumé, pour une Assemblée débutante, pour une Assemblée n'émanant pas directement du choix des citoyens, on peut dire que l'Assemblée d'Auvergne a fait dignement son devoir. Il est peu de questions de sa compétence qu'elle n'ait abordées ; il est peu d'abus qu'elle n'ait signalés et attaqués. Que pouvait-elle faire de plus ? Ses jours étaient comptés et elle n'avait pas les coudées franches.

(1) Archives départementales. — Registre 2 des délibérations de la Commission intermédiaire, folio 11. — Robert HEYRAULD est mort en 1795, dans sa propriété des Domeries, commune de Flat, près Issoire.

TROISIÈME PARTIE.

Après l'Assemblée provinciale. — Gestion de la Commission intermédiaire. — Dernières réunions des Assemblées d'Election.

CHAPITRE Ier.

La Commission intermédiaire en 1788.

Par le fait de la séparation de l'Assemblée provinciale, la Commission intermédiaire se trouva légalement investie du pouvoir et chargée de l'administration de la province.

Présidée par M. de Beaune, stimulée et tenue en haleine par l'active correspondance du marquis de Lafayette, et habilement secondée par le secrétaire provincial, M. Grenier, elle remplit honorablement les fonctions multiples qui lui étaient confiées.

Une des premières affaires dont la Commission eut à s'occuper fut l'impression et la distribution du procès-verbal de l'Assemblée. C'était chose fort simple en apparence. Mais si l'on considère que l'incident des vingtièmes venait à peine de prendre fin, si l'on se rappelle que le Gouvernement avait été vivement irrité de la résistance qu'il avait éprouvée en cette circonstance, on ne peut guère être surpris de voir le ministère garder rancune à l'Assemblée provinciale d'Auvergne de l'échec qu'elle lui avait fait subir, et chercher un prétexte pour manifester son humeur et son mauvais vouloir. L'impression du procès-verbal fournit le prétexte.

L'imprimeur Delcros venait de commencer, dans les premiers jours de janvier 1788, à livrer au public des exemplaires du procès-verbal de l'Assemblée, sorti de ses presses, lorsqu'un ordre ministériel vint inopinément suspendre cette opération (1). Agissant soit de son propre mouvement, soit à l'instigation de l'intendant, le ministre voulait voir et corriger au besoin le texte des rapports et décisions émanés de l'Assemblée provinciale d'Auvergne.

La Commission intermédiaire se plaignit. La suspension de la distribution du procès-verbal arrêtait les travaux des bureaux intermédiaires d'Élection, travaux qui devaient se baser sur les décisions de l'Assemblée provinciale. Fort heureusement cette suspension ne dura pas longtemps.

Vers le milieu de janvier, l'interdit fut levé (2). Seulement le texte original avait été épluché et passé au crible. Les expressions trop violentes, les récriminations trop fortement accentuées avaient été rejetées, les tournures trop acerbes, adoucies. Les passages où l'on semblait méconnaître soit le bon vouloir, soit la bonne foi de l'administration avaient été modifiés et rectifiés.

Nous reproduisons à la fin de ce travail le tableau complet des changements ordonnés (3). Ils sont au nombre de seize. Il est juste de remarquer que la plupart de ces changements ne portent guère que sur des nuances et n'affectent en rien le sens général. Ainsi dans ce passage du procès-verbal :

---

(1) Déjà un grand nombre d'exemplaires avaient été distribués et vendus. Du reste, comme il arrive toujours en pareil cas, l'interdit, mis momentanément sur l'ouvrage, en activa la circulation.

(2) Voici la lettre adressée à ce sujet par le contrôleur général, à Messieurs les procureurs syndics de l'Assemblée provinciale d'Auvergne :

« Paris, le 14 janvier 1788.

» J'ai examiné, Messieurs, le procès verbal des séances de l'Assemblée
» provinciale d'Auvergne ; je vous envoie la note indicative des changements
» dont quelques expressions de ce procès verbal ont paru susceptibles. Lorsque
» vous aurez fait opérer ces changements, rien ne s'opposera plus à sa distri-
» bution et à ce qu'il soit rendu public.   » Je suis, etc. LAMBERT. »

(Archives départementales. — *Fonds de la Commission intermédiaire. Liasse : Objets divers.*)

(3) Pièces justificatives, n° VII.

Sans doute une meilleure répartition soulagerait les contribuables illégalement *taxés*, le mot *illégalement* avait été remplacé par *inégalement*. Ainsi encore, à propos du taux excessif des tailles, le rapport du bureau de l'impôt avait dit :
« Le bureau *assure*, *en frémissant*, que plusieurs collectes
» paient la taille à raison de 17 sols, etc.... A cette rédaction,
» la censure ministérielle avait substitué celle-ci : le bureau a
» *reconnu avec douleur*, etc. »

Se conformant aux ordres qu'elle avait reçus, la Commission intermédiaire fit remplacer, par des cartons orthodoxes, les pages où se trouvaient les passages qui avaient eu le malheur de déplaire aux ministres. Elle se prêta à cette exécution sans grande répugnance. Comme aucun passage essentiel ne lui paraissait altéré dans sa signification, elle ne vit dans les modifications ordonnées que l'effet d'une susceptibilité trop ombrageuse et d'une rancune déguisée. Elle croyait du reste que ces changements avaient été arrêtés de concert avec M. de Beaune, président de l'Assemblée provinciale; mais celui-ci s'en défendit vivement. « Vous me faites l'honneur de me man-
» der, dit-il dans une lettre aux procureurs syndics du 7 février
» 1788, *que vous avez pensé que les changements à faire au*
» *procès-verbal avaient été convenus avec moi, et que ces*
» *changements ne comprenant rien d'essentiel contre les dis-*
» *positions du procès-verbal, il avait paru à la Commission*
» *intermédiaire, ainsi qu'à vous, Messieurs, qu'on ne devait*
» *s'occuper que de l'exécution des intentions de M. le Contrô-*
» *leur général*, etc.

» J'ai eu, à la vérité, Messieurs, une conférence sur les chan-
» gements que M. le Contrôleur général proposait de faire faire
» au procès-verbal. Mais ces changements n'ont été que pro-
» jetés devant moi ; et si vous voulez bien, Messieurs, relire
» ces changements, vous serez à portée de juger que je les
» connaissais bien peu, car il m'eût été impossible de consen-
» tir à une partie d'un changement fait à la page 253, et qui
» porte : *Mais vous devez croire que cette augmentation de*
» *12,818 livres a eu lieu légalement, et vous serez à portée de*

» *vous en convaincre en examinant les brevets généraux ex-*
» *pédiés depuis* 1780, *etc.* Ce changement était contraire et
» à l'esprit du rapport et aux principes des arrêtés faits sur ce
» rapport par l'Assemblée, puisque les bases d'après lesquelles
» doit paraître juste cette augmentation étaient inconnues de
» l'Assemhlée (1). »

Une fois libre de ses mouvements, la Commission intermédiaire, en dehors de la distribution administrative obligée, adressa à chacune des Assemblées provinciales du royaume un exemplaire du procès-verbal de l'Assemblée d'Auvergne, réclamant, par une juste réciprocité, un exemplaire des procès-verbaux de chaque province.

Cet échange, insignifiant au premier aspect, pouvait avoir de sérieuses conséquences dans l'avenir, si l'avenir eût appartenu aux Assemblées provinciales. Il y avait là le germe d'une fédération entre toutes les provinces. Isolées les unes des autres, sans lien, sans cohésion, les Assemblées n'avaient, pour ainsi dire, aucune force, aucune autorité, et ne pouvaient exercer aucune influence sur la marche générale des affaires publiques. Réunies en un faisceau, elles auraient pu s'éclairer mutuellement, et s'entendre pour peser sur le Gouvernement et lui faire adopter un plan général de réformes ; et, de la sorte, auraient été préparées les voies pour la fondation de la France nouvelle.

Cette perspective, ces idées d'avenir semblent ne pas avoir été étrangères aux instigateurs inconnus (2) de ce premier es-

---

(1) Archives départementales. — Fonds de la Commission intermédiaire. — Au sujet du nombre des exemplaires du procès-verbal, voici l'extrait d'une lettre adressée par les procureurs syndics, à M. de Beaune, le 19 février 1788 :

« L'imprimeur a remis le nombre de six cents exemplaires que vous lui avez
» ordonnés pour l'Assemblée. On nous assure qu'il a tiré pour son compte sept
» cents exemplaires du procès verbal. Il a vendu ces premiers exemplaires
» sept livres 4 sols. On assure qu'il en a fait des envois à des libraires à Paris,
» à cinq livres 10 sols, et qu'il les vend actuellement six livres.. » (*Archives départementales*).

(2) A vrai dire, nous croyons que l'idée naquit d'elle-même et spontanément dans un grand nombre de provinces en même temps.

sai d'affiliation, par voie d'échange de procès-verbaux. Voici, en effet, la lettre circulaire adressée, le 5 février 1788, par les procureurs syndics de Clermont aux procureurs syndics de Soissons, de Metz et de Châlons :

« Messieurs,

» Nous sommes très-flattés de la correspondance que vous
» avez la bonté de nous proposer entre votre Assemblée et la
» nôtre ; une union de principes dans l'administration ne peut
» être que très-avantageuse au Gouvernement et aux sujets
» d'un même souverain. Nous acceptons avec empressement
» la voie que vous nous ouvrez de profiter de votre zèle et de
» vos lumières pour la cause nationale.

» Nous aurions eu l'honneur de répondre plus tôt à l'invita-
» tion que vous nous faites et de vous adresser le procès-ver-
» bal de notre Assemblée que vous nous demandez, si le mi-
» nistre n'avait pas sursis à sa publicité. Cette surséance vient
» d'être levée au moyen de quelques cartons substitués à
» l'Édition. Nous profitons, Messieurs, du premier moment
» de notre autorisation, pour avoir l'honneur de vous faire
» passer un exemplaire du procès-verbal de notre Assemblée
» par la voie de M. d'Ogny, intendant général des postes (1).

Mais si cette association entre Assemblées offrait des avantages réels à chaque province, et même à la nation entière, on pressentait avec raison que le Gouvernement ne la verrait pas d'un bon œil, et prendrait certainement des mesures pour s'y opposer s'il était instruit d'un commencement d'exécution. Aussi l'échange des procès verbaux n'eut-il pas lieu officiellement entre les Commissions intermédiaires. On y procéda à la sourdine, de procureur syndic à procureur syndic.

« Je vous prie, Messieurs, écrivait M. de Beaune le 7 fé-
» vrier 1788, de me mander si quelques Commissions inter-
» médiaires ont demandé à celle d'Auvergne le procès verbal
» de son Assemblée, si elles ont envoyé des exemplaires des

(1) Archives départementales. — Fonds de la Commission intermédiaire.

» leurs, et si la Commission intermédiaire d'Auvergne leur a
» répondu. Dans le cas où vous n'auriez rien reçu à ce sujet,
» je crois devoir vous engager à prendre des mesures pour
» vous procurer un exemplaire du procès verbal de chaque
» Assemblée en échange d'un exemplaire de celui d'Auvergne.
» C'est une connaissance utile et même indispensable, mais
» qu'il est, je crois, prudent de prendre d'une manière à ne
» pas donner de soupçons, c'est-à-dire que la demande en
» soit faite par l'un de vous, Messieurs, à un autre syndic(1). »

Quoi qu'il en soit, les Assemblées provinciales n'ayant pas été réunies postérieurement, cette tentative de fédération n'eut pas d'autres suites.

Nous n'entrerons pas dans le détail des opérations journalières de la Commission intermédiaire. Qu'il nous suffise de mentionner que dans le cours de l'année 1788, elle poursuivit consciencieusement l'accomplissement de la tâche qui lui était imposée, favorisant de tout son pouvoir la formation des municipalités, prenant des mesures pour soulager les contribuables par une répartition plus équitable, statuant avec une sérieuse attention sur toutes les difficultés qui pouvaient s'élever relativement à la perception des impôts, poussant activement dans la mesure de ses ressources à la réparation des routes, sollicitant du Gouvernement des secours pour des œuvres de bien public, cherchant en un mot à remplir scrupuleusement son devoir et poursuivant la fidèle exécution des décisions prises par l'Assemblée provinciale.

Sa tâche lui était singulièrement facilitée par les conseils de quelques membres de l'Assemblée, notamment M. de Lafayette (2), et surtout par l'activité et le patriotisme intelligent de M. de Beaune.

(1) Archives départementales.
(2) Pendant toute l'année 1788, LAFAYETTE entretint une correspondance très-suivie avec les membres de la Commission intermédiaire. Tantôt il leur faisait parvenir des brochures ou traités destinées à vulgariser certaines connaissances utiles (tels que des traités sur les accouchements, des mémoires sur les moyens de favoriser l'extinction de la mendicité, etc.); tantôt il leur

Qu'il présidât de fait à Clermont, ou qu'il fût à Paris, M. de Beaune avait pris son rôle au sérieux. « Je ne puis, écrivait-il
» le 5 avril 1788, je ne puis être étranger à ce qui se passe
» à la Commission intermédiaire, puisqu'il est dit dans le
» paragraphe 4 des instructions du 12 novembre dernier, *que*
» *le président de l'Assemblée provinciale est le premier*
» *membre de la Commission intermédiaire et fait corps avec*
» *elle.* »

Il s'occupait sans relâche des questions soumises à la Commission, se faisant rendre un compte exact de tout ce qui se passait dans la province, gourmandant les membres de la Commission à la moindre négligence ou irrégularité, redressant les erreurs que le défaut d'expérience pouvait leur faire commettre, et il se servait de son crédit pour, le cas échéant, solliciter auprès du Gouvernement des décisions promptes et favorables.

C'était un homme précieux pour la province. Cependant, soit que réellement la Commission intermédiaire mît un peu de lenteur dans l'expédition des affaires, ou de négligence dans les formalités à remplir, soit que M. de Beaune fût un peu méticuleux, un peu exigeant dans son zèle et dans ses prétentions, toujours est-il que vers le mois d'avril 1788, il régnait une certaine froideur entre la Commission intermédiaire et son président (1).

---

communiquait ses propres idées, dans des mémoires qu'il rédigeait lui-même sur des questions controversées (ainsi, par exemple, sur le meilleur mode d'activer le commerce et l'industrie dans la province, etc.); tantôt enfin, il leur montrait la marche à suivre pour traiter telle ou telle affaire, pour atteindre tel ou tel résultat. Il s'était comme identifié à l'Auvergne, et rien de ce qui pouvait intéresser cette province ne lui était indifférent. — Pendant les années 1789 et 1790, la correspondance de LAFAYETTE, ralentie d'abord, finit par cesser complétement. D'autres soins nécessités par la grande et difficile position que les événements lui avaient créée, absorbaient son esprit et son temps.

(1) *Extrait d'une lettre adressée de Paris, en avril 1788, par M. l'abbé de Pons, aux procureurs syndics du bureau intermédiaire de l'Election de Clermont :*

« .... Il me semble qu'ici on se plaint beaucoup de ne rien recevoir de la
» Commission intermédiaire. Il serait à propos que votre travail ne parût pas

Cette mésintelligence ne fut pas longue, toutefois ; car, dès la fin de ce même mois d'avril, la Commission écrivait à M. de Beaune une lettre dans laquelle elle le complimentait sincèrement sur un travail que celui-ci avait communiqué relativement à la délimitation des Elections de la province.

Cette délimitation était alors, en effet, à l'ordre du jour. Plusieurs bureaux intermédiaires ayant signalé la disproportion et l'inégalité existant entre les diverses Elections de l'Auvergne, sous le rapport de l'étendue et de la population, le Gouvernement avait examiné la question. La Commission intermédiaire, consultée, donna son avis ; M. de Beaune, alors à Paris, fit part de ses observations au ministre, et un projet de refonte des Elections de l'Auvergne fut adopté en principe. D'après ce projet, l'Election de Mauriac était supprimée et répartie entre ses voisines. La Généralité de Riom se trouvait ainsi divisée en six Elections. Seulement, chaque Election devait être remaniée, de façon que toutes eussent à peu près la même importance et fussent représentées dans les Assemblées par un nombre égal de députés. Ce projet devait être soumis à l'examen de l'Assemblée provinciale avant d'être présenté à l'agrément de Sa Majesté. Comme il n'y eut pas d'autre réunion des Assemblées provinciales, il ne fut plus question du projet.

La Commission intermédiaire ne s'occupait pas seulement des détails administratifs, elle mettait aussi ses soins à soulager les misères des populations et à réparer les désastres qui pouvaient les frapper. L'année 1788 ne lui offrit que trop d'occasions de manifester son zèle à cet endroit.

» arriéré par la négligence d'autrui si elle existe. Je ne vois pas beaucoup
» d'accord entre cette Commission et le président ; et cela me paraît une chose
» fâcheuse et mal vue. L'effet en a été sensible. La Commission intermédiaire
» a dernièrement envoyé directement à M. de la MILLIÈRE un mémoire sur un
» objet sans en instruire le président. Ce mémoire a été renvoyé à M. de BEAUNE
» qui a répondu qu'il n'était instruit de rien sur cet objet, et il a été obligé
» d'écrire à la Commission pour lui demander différents détails explicatifs.
» Silence au reste sur ce que je vous mande. Ce que nous dirions ne servirait
» à rien. Ce n'est pas notre affaire..... » (*Archives départementales. — Fonds de la Commission intermédiaire.*)

Dans la nuit du 4 au 5 juillet, un ouragan terrible s'abattit sur une partie de la France. L'Auvergne, entr'autres, fut cruellement éprouvée. Une grêle des plus violentes dévasta des milliers de propriétés dans toute l'étendue de la province, mais principalement dans les Elections de Clermont, d'Issoire, de Brioude et de Saint-Flour. Dans l'Election de Clermont, ce furent la ville d'Ardes et les paroisses voisines qui eurent le plus à souffrir. « On pourra, dit à ce propos le rapport des
» procureurs syndics de l'Election de Clermont, on pourra
» recueillir la cinquième portion de la récolte en seigle. Mais
» les froments, les orges, les chanvres, les vessards et les
» avoines ne laissent pas même l'espérance de jouir des pail-
» les; et pendant quelques années on sera privé de la récolte
» des noix, attendu que les arbres ont été très-endomma-
» gés... (1). »

Le fléau ne s'en tint pas là. Il reparut dans les premiers jours du mois d'août, et cette seconde visite ne fut pas moins désastreuse que la première. Plus de cent paroisses ou collectes furent ravagées et virent leurs récoltes anéanties (2). La désolation et le désespoir étaient tels parmi les habitants que la plupart voulaient émigrer et quitter un pays que l'inclémence des saisons rendait si peu hospitalier.

En face de ce grand désastre, la Commission ne resta pas inactive. Elle fit donner des secours aux plus nécessiteux, provoqua des quêtes et des souscriptions, sollicita du Gouvernement des allocations, des remises d'impôts, et fit inscrire l'Auvergne au premier rang des provinces qui devaient participer aux bénéfices d'une loterie organisée en faveur des populations frappées par la grêle (3).

Son appel fut entendu. Des souscriptions furent recueillies

---

(1) Ce rapport fut lu à la séance du bureau intermédiaire du 16 juillet 1788. (*Archives départementales.*)

(2) Parmi les paroisses les plus maltraitées, nous citerons : Saint-Yvoine, Le Vernet, Sauvagnat près Issoire, Saint-Cirgues, Saint-Germain-Lembron, Vassivières, Ardes, Augnat, Madriat, Chastreix, Job, Saint-Anthème, etc.

(3) Cette loterie avait été instituée par arrêt du Conseil, du 26 juillet 1788.

tant à Paris qu'à Clermont et dans la province (1). Mgr de Bonal, évêque de Clermont, en ce moment à l'Assemblée générale du clergé à Paris, fit parvenir une somme de six mille livres. D'autre part, le Gouvernement, après avoir, tout d'abord, fait distribuer aux habitants les plus malheureux une somme de vingt-quatre mille livres pour aider aux achats de semences (2), fit remise aux paroisses grêlées de l'Auvergne d'une somme de cent seize mille livres sur les impositions; et le Roi lui-même envoya personnellement une somme de dix mille livres. La loterie seule fit défaut. Elle avait placé ses billets et recueilli des sommes assez importantes ; mais ces sommes avaient été détournées par le ministre Brienne qui couronna ainsi par un acte ignominieux un ministère déjà fécond en turpitudes (3).

Le ministère Brienne ayant disparu devant le mépris général, Necker reprit la direction des affaires. Ce fut un cri d'allégresse dans toute la France. On se sentit reprendre courage, comme si un seul homme eût pu remédier en un instant aux misères accumulées par des siècles d'abus et de vexations.

La Commission intermédiaire d'Auvergne ne fut pas la dernière à témoigner sa joie et ses espérances à la nouvelle de la rentrée du ministre populaire.

Voici le procès-verbal de la séance extraordinaire qu'elle tint à cette occasion :

Séance du 29 août 1788.

« Il a été fait lecture de deux lettres, en date du 26 de ce
» mois, adressées à la Commission intermédiaire, l'une par

---

(1) Les souscriptions étaient reçues à Clermont chez MM. Chaudessolles et Sauvat, notaires.

(2) Cette somme fut prise sur les fonds des rabais des adjudications et sur l'imposition faite sur les défaillants à la corvée. (*Procès-verbal de la Commission intermédiaire*, page 150).

(3) Brienne donna sa démission le 25 août. — Il ne s'était pas contenté de faire disparaître les fonds de la loterie; il s'était emparé aussi du produit de souscriptions destinées à fonder quatre nouveaux hôpitaux dans Paris. (Henri Martin, *Hist. de France*, t. XVI, p. 613). Brienne se suicida le 16 février 1794.

» M. le marquis de Lafayette, l'autre par M. le marquis de
» Laqueuille, l'un et l'autre membres de l'Assemblée provin-
» ciale, par lesquelles MM. de Lafayette et de Laqueuille
» marquent à la Commission le retour de M. Necker au mi-
» nistère des finances.

» La Commission a senti avec la plus vive émotion cet évé-
» nement depuis longtemps désiré par la Nation et surtout
» par la province d'Auvergne, connue par son amour et sa
» fidélité envers son Roi. L'ordre et la confiance vont renaî-
» tre. Cette époque heureuse fera bénir à jamais le nom de
» Sa Majesté.

» Un ministre qui a consacré sa vie à la prospérité du
» royaume, au soulagement des malheureux, un ministre
» ami de l'ordre et de la vérité, le premier qui ait eu le cou-
» rage de mettre sous les yeux de la Nation le fil du dédale
» des finances (1), et de former les administrations provin-
» ciales, surveillantes continuelles du bien public dans les pro-
» vinces, pouvait seul remplir les vœux de toute la France.

» Déjà les acclamations de toutes les classes de citoyens
» annoncent le retour de la félicité publique ; et le souvenir at-
» tendrissant du ministère de Sully prouve à l'univers que si
» les meilleurs des rois peuvent quelquefois être surpris, la
» vérité reprend tôt ou tard ses droits. La plus douce satis-
» faction des souverains français est de rendre un bon ministre
» aux vœux de tous leurs sujets.

» La Commission, pénétrée de toutes ces considérations,
» et partageant la joie publique, a arrêté de supplier M. Nec-
» ker d'agréer l'hommage du respect et de l'admiration de la
» province d'Auvergne.

» MM. les marquis de Laqueuille et de Lafayette sont
» priés d'être auprès de M. Necker les interprètes de la sen-
» sibilité et de la satisfaction de la province dont la Commis-
» sion intermédiaire ne peut exprimer toute l'étendue ; et, à

---

(1) Allusion au *Compte rendu des finances*, publié, avec l'assentiment du Roi, en janvier 1781.

» cet effet, il sera adressé copie de la présente délibération à
» MM. de Laqueuille et de Lafayette.

» Signé : MASCON, BRANCHE, REBOUL.
» GRENIER, *secrétaire* (1). »

Comme pour remercier la province d'Auvergne de ces témoignages de sympathie à son égard, Necker, à peine installé au ministère, fit remettre à la Commission intermédiaire, pour être distribuée aux pauvres des paroisses grêlées de l'Auvergne, la somme de 1,200 livres que l'Académie des sciences de Paris venait de lui décerner à titre de prix pour un ouvrage intitulé : *De l'importance des Opinions religieuses* (2).

En signalant et remettant en lumière cet acte oublié de la bienfaisance du financier genevois à l'égard de notre pays, nous croyons remplir un devoir; et nous serions heureux de pouvoir acquitter ainsi une part de la dette de reconnaissance contractée par nos pères.

---

(1) Extrait du registre 2 des délibérations de la Commission intermédiaire, folio 17. — Archives départementales.

(2) *Extrait du registre 2 des délibérations de la Commission intermédiaire,* folio 21 :

« *Séance du 6 septembre 1788*. — Un de MM. a dit qu'il avait lu dans les
» papiers publics que MM. de l'Académie des sciences avaient donné à l'ou-
» vrage intitulé : *De l'importance des opinions religieuses*, par M. NECKER,
» un prix de 1200 livres, et que d'après la demande de ce grand homme, ces
» Messieurs avaient bien voulu destiner ce prix aux pauvres grêlés de la pro-
» vince d'Auvergne.

» Arrêté d'écrire à MM. de l'Académie des sciences pour les remercier de
» cet acte de bienfaisance, et leur témoigner combien il est consolant de
» tenir ce secours de leur choix, et de la disposition favorable de M. NECKER
» pour une province connue par ses malheurs. » (*Archives départementales*).

Le 10 septembre suivant. Arrêté d'écrire à M. NECKER, pour le remercier d'une manière spéciale.

La Commission intermédiaire fit recette du don de M. NECKER par l'intermédiaire de M. DORFAUT, notaire à Paris, ainsi que le constate l'article III de la section X de ses comptes de 1788. (*Compte rendu de la Commission intermédiaire*, p. 151.)

CHAPITRE II.

Dernière session des Assemblées d'Election.

Nous aurions voulu pouvoir faire connaître ce qui se passa à cette dernière session dans chacune des Assemblées d'Election de la province. Mais, à part les procès-verbaux des Assemblées de Riom et de Clermont qui sont imprimés, nous n'avons eu connaissance que du procès-verbal de l'Assemblée d'Issoire dont une copie manuscrite existe aux Archives du département.

Nous nous bornerons donc, et pour cause, à résumer les opérations et délibérations des Assemblées des trois Elections dont le ressort forme aujourd'hui le département du Puy-de-Dôme.

Les Assemblées d'Election de la Basse-Auvergne ouvrirent leurs séances, savoir : celle de Clermont, le dix octobre 1788, celle de Riom, le quinze, et celle d'Issoire, le dix-sept du même mois. Les présidents étaient, comme nous l'avons dit : à Clermont, M. l'abbé de Pons de La Grange, vicaire-général; à Riom, M. le marquis de Laqueuille, et à Issoire, M. le comte de Laizer. Nous ne reviendrons pas sur la composition de ces Assemblées. Nous avons déjà indiqué le nom de leurs membres dans la première partie de ce travail.

Il est impossible de suivre en détail les travaux de chacune des Assemblées ; ce serait s'exposer à répéter ce qui a déjà été dit en analysant les travaux de l'Assemblée provinciale. Nous nous bornerons à un exposé rapide. Constatons seulement, au préalable, que les Assemblées d'Election suivirent à peu près la même marche que l'Assemblée provinciale et eurent généralement les mêmes questions à examiner et des vœux analogues à exprimer.

Impôts. — Relativement aux impôts, nos trois Assemblées n'ont toutes qu'un seul but : arriver à faire réduire la masse des contributions de toute nature qui accablent les populations de l'Auvergne. Seulement, les moyens indiqués diffèrent.

L'une, celle de Clermont, voudrait atteindre ce résultat au moyen d'un cadastre qui faciliterait l'égalisation de la répartition. Mais, considérant ce moyen comme peu praticable pour le moment, elle se contente de quelques réformes de détail.

Une autre, celle de Riom, allait plus loin. *Considérant que la multitude de branches qu'offre l'arbre de l'impôt en France, donne la facilité de les grossir successivement, sans que le public en soit averti,* elle avait d'une voix unanime voté pour l'établissement d'un *impôt unique,* perçu en argent d'après les produits nets des biens fonds. « En votant pour un impôt
» unique territorial, ajoute le procès-verbal, l'Assemblée a
» cru que c'était le seul moyen de soulager une province sur-
» chargée par les impôts arbitrairement levés sur la terre,
» sans compter les indirects dont elle est chargée ainsi que ses
» denrées. Cet impôt, assis sur des bases modérées et réparti
» dans une juste proportion, doit diminuer de moitié la masse
» actuelle des impôts de l'Auvergne. »

Toutes les Assemblées voudraient des améliorations dans le service des collecteurs et des garanties contre l'abus des priviléges. On voit qu'elles sont convaincues que la principale cause de la surcharge des impôts vient de l'inégalité de leur répartition. L'Assemblée de Clermont, entr'autres, insiste d'une manière toute spéciale pour qu'il soit établi un règlement, lequel établisse la nullité absolue des contre-lettres à la vente d'une charge de secrétaire du Roi, déclare toute location incapable de transmettre des priviléges, et, en cas de location prouvée, prononce la confiscation de la charge louée.

ROUTES. — La Commission intermédiaire provinciale écrivait, le 18 janvier 1788, à M. de Beaune, son président :
« On demande dans tous les cantons de la province des répa-
» rations provisoires sur les routes qui sont presque impratica-
» bles (1). »

(1) Archives départementales.

Cet état de choses ne s'était guère amélioré dans le cours de l'année, malgré la sollicitude de la Commission. Car les trois Élections de la Basse-Auvergne sont unanimes dans leurs plaintes au sujet du mauvais état des routes.

« L'Assemblée, dit le procès-verbal de Riom, page 138,
» a cru nécessaire de répéter les observations qu'elle avait
» consignées dans son procès-verbal de l'année dernière sur
» le mauvais état où sont les chemins de cette province ; elle
» réitère le vœu qu'elle a formé, que la Commission intermé-
» diaire s'occupât à faire faire les chemins à la manière du
» Limousin, c'est-à-dire des chaussées en pierres droites, dont
» les vides sont remplies de pierres par quartiers, et recouverts
» de pierres concassées, sur lesquelles on étend un lit de gra-
» vier. — Le défaut d'entretien, dit de son côté le procès-
» verbal de Clermont, a laissé tomber les routes dans un état
» de dégradation absolue qui coûtera des sommes énormes à
» la province. »

Cette dernière Assemblée ne se contente pas de demander un meilleur entretien de la chaussée des routes ; elle signale encore des améliorations à introduire dans le service des ponts et chaussées. Ainsi elle voudrait qu'il fût établi des bornes milliaires sur toutes les routes ; que sur les grands chemins les pavés fussent remplacés par des empierrements ; elle désirerait qu'un règlement sévère sur la police vînt mettre un terme aux dégradations que les propriétaires ne cessent de commettre sur les chemins qui bordent leurs propriétés, etc.

L'Election d'Issoire ne s'inquiète pas seulement des chemins. Sa principale voie de communication, l'Allier, la préoccupe beaucoup. C'est, en effet, un des principaux débouchés pour le commerce de la province. Elle se plaint du peu de soin apporté par l'administration pour faciliter la navigation.

« Le Gouvernement, dit le procès-verbal de cette Élection,
» soudoie une compagnie d'ouvriers pour le balisage ou le
» nettoiement de la rivière. Ce travail devrait se faire deux
» fois l'an, après la fonte des neiges et avant l'hiver. Deux
» ans passent souvent sans qu'on s'en occupe. Cependant les

» matériaux que les torrents entraînent s'amoncellent, les ca-
» naux de la rivière s'obstruent, et la navigation très-dange-
» reuse est souvent impossible (1). »

Elle signale enfin, comme un grand obstacle à la libre navigation de la rivière, la pellière ou barrage établie au Pont-du-Château. Déjà les intendants avaient signalé les inconvénients de cette pellière ; déjà on avait forcé les propriétaires à faire des travaux pour en faciliter la traversée. Ces travaux n'avaient pu remédier aux inconvénients résultant de l'existence même du barrage. Ce barrage profitait à MM. de Montboissier-Canillac, seigneurs du Pont-du-Château, qui, en tirant de gros revenus, avaient fait les plus grands efforts pour s'opposer à toutes dispositions de nature à porter atteinte à leur privilége. Il fallut la Révolution, la grande justicière, pour briser leur résistance et ouvrir la rivière à la libre navigation de tous.

MENDICITÉ. — La mendicité, déjà florissante en Auvergne, avait pris des proportions considérables à la suite des désastres de tout genre, grêle, disette, épizootie, qui étaient venus désoler les campagnes.

Les Assemblées d'Election cherchèrent le moyen de porter quelque remède à un pareil état de choses. Celle de Clermont ne prit aucune mesure, faute d'avoir reçu à temps de chaque paroisse les documents nécessaires. Celle de Riom se borna à solliciter l'impression et la distribution d'un *Mémoire sur le moyen de remédier à la mendicité*, rédigé par M. Dulin, syndic de la municipalité de Combronde. Elle protesta ensuite contre le maintien des dépôts de mendicité qui, dit-elle, ne remplissent pas les vues qui les ont fait instituer et coûtent cependant des sommes considérables.

L'Assemblée d'Issoire propose de faire travailler les mendiants dans des manufactures qui permettront d'utiliser les plus faibles comme les plus forts, les enfants comme les vieillards,

---

(1) Procès-verbal inédit de l'assemblée d'Élection d'Issoire. — (*Archives départementales.*)

en leur fournissant un travail proportionné à leur âge et à leurs capacités. Occuper l'oisiveté des malheureux, dit-elle, c'est le meilleur moyen de détruire la mendicité.

On voit que tout en étant pénétré de l'importance du problème, personne n'est prêt à lui donner encore une solution pratique.

AGRICULTURE. — Un autre problème non étudié, et bien digne de l'être, fut aussi soumis à l'examen des Assemblées d'Élection. Nous voulons parler du *partage des communaux*.

Après avoir constaté que dans certains lieux ce partage peut être utile, tandis qu'il est nuisible dans d'autres, suivant la nature du sol et le plus ou moins de besoin de pacages dans chaque paroisse, l'Assemblée de Clermont n'osant prendre un parti, surseoit à statuer jusqu'à sa prochaine session, et charge les procureurs syndics de prendre des renseignements dans chaque municipalité, et de se procurer un état des communaux existants et de ceux usurpés.

La question des *pépinières publiques*, déjà si fort controversée à l'Assemblée provinciale, reparaît de nouveau devant les Assemblées d'Élection.

Après avoir examiné la proposition, développée dans un Mémoire rédigé par M. le comte de Mascon, membre de la Commission intermédiaire, de consacrer les fonds des pépinières à des primes qu'on accorderait aux propriétaires qui se seraient distingués par des plantations considérables et bien entendues, deux Assemblées, celles de Clermont et d'Issoire, se prononcent pour le maintien des pépinières. Elles considèrent ces établissements comme indispensables, tant pour les grands chemins et les communes que pour les propriétaires pauvres qui n'ont le moyen ni d'acheter des arbres ni d'en élever. Elles regardent les pépinières comme la principale ressource pour le reboisement.

L'Assemblée de Riom prend une décision toute contraire. Les pépinières ont à ses yeux une utilité plus apparente que réelle. Elle en sollicite la suppression comme *n'étant utiles qu'aux riches*. Elle désirerait, de plus, que les fonds qui leur étaient destinés fussent employés en primes d'encouragement aux cultivateurs qui sèmeraient des pépinières pour arbres fruitiers ou de décoration, et aux propriétaires qui feraient des semis ou plantations nouvelles pour multiplier le bois à brûler.

Après les pépinières, les *haras*. Les Elections d'Issoire et de Riom en demandent la suppression comme étant *plus destructifs que profitables*. « Depuis l'établissement des haras, dit
» le procès-verbal de Riom, pour quelques chevaux d'une es-
» pèce supérieure, on a presque perdu la race précieuse des
» chevaux d'Auvergne. L'Assemblée désire aussi qu'il soit
» recommandé de favoriser l'éducation des mulets, mais li-
» brement, et sans surveillance ni priviléges. »

L'Assemblée d'Issoire est celle qui s'occupe le plus et avec les plus grands détails des diverses branches de l'agriculture. L'amélioration de la culture et du tissage des chanvres, le perfectionnement de la race des moutons, l'éducation des abeilles, etc., font tour à tour l'objet de ses délibérations. Au sujet de l'éducation des abeilles, voici ce que dit son procès-verbal : « Les ruches à miel formaient autrefois, par leur pro-
» duction précieuse, une branche essentielle au commerce de
» cette province. Cette ressource est presque anéantie. Nous
» pensons qu'il serait très-avantageux de la faire revivre. On
» y parviendrait en instruisant ceux qui en élèvent, et en les
» encourageant par de légères gratifications. »

COMMERCE. — INDUSTRIE. — Au point de vue commercial, ce qui préoccupe le plus les trois Elections de la Basse-Auvergne, c'est la destruction des douanes intérieures et spécialement de la douane de Vichy. C'est encore, mais en seconde ligne, la suppression du droit de marque sur les cuirs. Déjà, en analysant les travaux de l'Assemblée provinciale, nous sommes entrés dans de grands détails à ce sujet. Nous n'y reviendrons pas, les discussions nouvelles n'ayant apporté aucun éclaircissement ni causé aucune modification dans l'état des choses.

En dehors de ces graves questions, les Assemblées de Clermont et d'Issoire discutèrent les intérêts des papeteries et ceux de l'industrie houillère. Dans le procès-verbal de Riom il n'est nullement traité des papeteries, bien que la ville de Thiers, où l'industrie des papiers occupait un des premiers rangs, fût dans le ressort du département de Riom.

Voulant améliorer la fabrication des papiers d'Auvergne, les deux Assemblées d'Issoire et de Clermont demandent à grands cris des secours pour l'établissement de cylindres. « L'essai
» des cylindres, dit le procès-verbal d'Issoire, serait un léger
» sacrifice pour la province qui en serait bientôt dédommagée
» par l'agrandissement de son commerce. Plusieurs fabricants
» du Livradois, dont l'intelligence est connue, ne désespèrent
» pas, avec ces encouragements, non-seulement d'imiter les
» papiers des fabriques les plus célèbres du royaume, mais
» même de fournir les papiers de Hollande et les autres que
» nous tirons de l'étranger. »

Au sujet des *charbons*, le procès-verbal d'Issoire constate que le commerce est languissant et qu'il faut attribuer cela d'abord à la concurrence des charbons étrangers qui sont meilleurs que celui du bassin de Brassac, et ensuite aux difficultés de toute nature, défaut de balisage, pellière du Pont-du-Château, douane de Vichy, etc., que l'Allier, seule voie de transport possible, présente à la navigation et à l'exportation des marchandises.

Le procès-verbal de Clermont ne fait que constater l'existence d'un embryon d'exploitation houillère au village de Bogros, sur le territoire des paroisses de Savennes et de Messeix.

OBJETS DIVERS. — Les Elections de Riom et de Clermont signalent une anomalie qui existe dans l'organisation des municipalités, et demandent qu'on la fasse cesser en accordant aux villes le droit qu'ont les campagnes de nommer leurs officiers municipaux (1).

L'Assemblée d'Issoire voudrait que les quatre membres du bureau intermédiaire de chaque Election fissent partie de droit de l'Assemblée provinciale.

---

(1) La ville de Clermont avait déjà émis ce vœu. — *Pièces justificat.*, n° III.

L'Assemblée de Riom a des visées plus hautes. Voulant peut-être se créer un renom de supériorité et de capacité, pour, plus tard, lors de la reconstitution des Etats provinciaux, arriver à l'emporter sur Clermont, elle laisse de côté les questions pratiques pour aborder les théories. Elle se lance dans l'examen de questions politiques et philosophiques qui sont plus brillantes et plus attrayantes sans doute, mais qui ne sont pas de son ressort. Elle oublie son rôle d'Assemblée de département pour remplir celui d'Assemblée préparatoire aux Etats-Généraux, chargée de la rédaction du cahier des doléances. Tour à tour elle émet des vœux pour la substitution d'un impôt unique à tous les impôts existants; pour l'établissement en Auvergne d'un siége de parlement. Elle demande : que la justice soit gratuite, *en accordant comme de raison des émoluments proportionnés à la dignité des juges;* que les lois soient les mêmes pour toutes les provinces du royaume; elle désire une réforme du Code criminel. « Il paraît très-nécessaire, dit son procès-verbal, de donner à l'accusé, dès le moment qu'il est arrêté, un conseil qui le mette à même de prouver son innocence, s'il est dans le cas de le faire. Il est juste aussi que l'accusé soit jugé à l'audience. Une observation qu'il est étonnant qu'on ait à faire, c'est que la peine soit proportionnée au délit. L'on ne saurait trop recommander la salubrité et le soin intérieur des prisons. »

Pour que les gens en affaires puissent se procurer de l'argent, sans avoir recours aux usuriers, elle réclame une loi sur le prêt à intérêt.

Elle sollicite, d'autre part, le rétablissement de la loi de 1776 qui, sous l'inspiration de Turgot, avait supprimé les maîtrises et jurandes. « Le régime actuel n'est propre, suivant elle, qu'à éteindre l'émulation, repousser le talent, et augmenter la main d'œuvre et la matière première de toute espèce de fabrication. »

Elle voudrait enfin que liberté pleine et entière fût accordée aux propriétaires de bois et qu'ils ne fussent plus soumis à l'inspection et à la visite des employés des eaux et forêts, lesquels trouveront bien à s'occuper dans les bois du Roi et ceux des gens de main-morte.

Certes, tous ces vœux sont sages, toutes ces réclamations sont fondées et dénotent de vives intelligences ouvertes aux idées modernes. Malheureusement, elles semblent avoir empêché l'Assemblée de Riom de consacrer tous ses soins aux détails de l'administration de son Election. En agissant ainsi, l'Assemblée de Riom ne faisait donc pas son devoir. Qu'après avoir traité et résolu, avec les développements convenables, les questions pratiques qui étaient de sa compétence, elle eût formulé les vœux dont nous venons de parler, rien de mieux ; mais que les rêves d'améliorations pour l'avenir lui aient fait oublier la situation présente, c'est ce dont on ne saurait la féliciter.

Mémoire de M. de Beaune. — Etats provinciaux. — En prévision de la convocation prochaine des Etats-Généraux, un arrêt du conseil, du 5 juillet 1788, avait invité les Commissions intermédiaires à faire faire dans les municipalités de leur ressort, la recherche des titres, papiers et documents pouvant avoir rapport aux anciens Etats.

La Commission intermédiaire d'Auvergne s'empressa de faire les démarches nécessaires pour assurer l'exécution de cet arrêt. Le principal résultat des recherches provoquées par elle fut le livre publié aux frais de la ville de Clermont par le jurisconsulte Bergier et le bénédictin Verdier-Latour, sous le titre de : *Recherches historiques sur les Etats-Généraux et plus particulièrement sur l'origine, l'organisation et la durée des anciens Etats provinciaux d'Auvergne*, etc. (1).

---

(1) Délibération du Conseil de ville de Clermont-Ferrand, du 21 octobre 1788.
M. le Maire a exposé : « — Que M. Bergier, avocat en cette ville, et an-
» cien procureur du Roi de la ville, a fait un mémoire sur l'origine, l'organi-
» sation et la durée des anciens Etats de la province ; que la plupart des
» pièces et titres qui y sont mentionnés ont été copiés sur ceux qui sont aux
» archives de la ville et par lui mis en ordre chronologique conjointement avec
» dom Latour, religieux Bénédictin de la congrégation de Saint-Maur, et
» historiographe de la province ; ce qui fait la seconde partie du mémoire, et
» lui sert d'appui.
» Que M. Bergier, pénétré de reconnaissance pour la confiance que la ville

Outre ce livre, la ville de Clermont, à l'exemple de celle de Riom, s'empressa de faire parvenir au Gouvernement un mémoire détaillé dans lequel elle faisait valoir ses droits pour la présidence des Etats de la province (1).

D'autre part, M. de Beaune avait cru de son devoir, en exécution de délibérations de l'Assemblée que nous avons rapportées plus haut, de profiter de la circonstance pour faire valoir les anciens droits de la province d'Auvergne et revendiquer le rétablissement des Etats provinciaux ; et il avait adressé au directeur général des finances un Mémoire à ce sujet.

Vers le milieu d'octobre, il communiqua ce mémoire à la Commission intermédiaire et à toutes les Assemblées d'Election d'Auvergne, en ce moment réunies, avec prière de l'examiner soigneusement et de lui faire part au plus tôt des observations que cet examen leur aurait suggérées (2).

Dans ce Mémoire, après avoir rappelé les vœux émis à deux reprises par l'Assemblée provinciale pour la conservation des Etats provinciaux d'Auvergne, M. de Beaune, l'histoire à la main, démontre l'authenticité de l'existence ancienne de ces Etats. Il cherche ensuite à établir que la reconstitution des Etats provinciaux serait avantageuse pour l'Auvergne, d'abord en ce qu'elle lui ferait avoir un plus grand nombre de députés aux Etats-Généraux, et puis parce qu'elle faciliterait le choix

» lui a témoignée en lui donnant l'entrée des archives, lui a remis son mémoire
» pour en faire présent à la ville.

» M. le Maire a ajouté que M. BERGIER a traité la matière de manière à ne
» laisser aucun doute sur les droits de la province en général et de la ville en
» particulier. Il donne tous les détails et les instructions demandés par le Gou-
» vernement. En conséquence, c'est le cas de rendre publics son mémoire et
» la chronologie y-jointe, autant pour reconnaître le service important rendu
» à la ville par M. BERGIER et dom LATOUR, que pour satisfaire le public qui
« verra avec plaisir qu'on s'occupe de ses intérêts.

» Sur quoi, la matière mise en délibération, et lecture faite du mémoire, le
» Conseil de ville a arrêté qu'il sera rendu public par la voie de l'impression
» aux frais de la ville. » — (*Archives municipales.* — *Registre des délibérations*, volume 15.)

(1) Voir ce mémoire aux Pièces justificatives, n° VIII.

(2) Nous reproduisons ce mémoire *in extenso* aux Pièces justificatives, n° IX.

de ces députés, en dispensant de s'inquiéter des ressorts et divisions en bailliages, sénéchaussées, haut et bas pays, diocèses, etc. Dans le cas où le Roi jugerait à propos de suspendre sa décision jusqu'aux prochains Etats-Généraux, M. de Beaune
« pense que pour faciliter et assurer le choix des députés de la
» province d'Auvergne à ces prochains Etats-Généraux, il
» serait nécessaire que ce choix fût fait par une Assemblée
» générale de trois cents personnes choisies dans les trois or-
» dres de la province.

» Cette Assemblée serait formée par des députés de cha-
» cune des Elections de la province, qui en enverraient, sa-
» voir : celles de Clermont, Riom, Saint-Flour et Aurillac,
» 48, dont 12 pour le clergé, 12 pour la noblesse et 24 pour
» le tiers-état ; et les Elections d'Issoire, Brioude et Mau-
» riac, 36 députés, dont 9 pour l'ordre du clergé, 9 pour
» celui de la noblesse, et 18 pour celui du tiers-état.

» Pour cette députation de chaque Election, on ferait as-
» sembler dans le chef-lieu de l'Election :

» 1°. Tous les ecclésiastiques qui résident dans l'arrondisse-
» ment de l'Election ; — 2°. Tous les nobles, seigneurs haut-
» justiciers et possesseurs de fiefs résidant dans le même ar-
» rondissement et y payant vingtièmes et capitation ; — 3°. Un
» membre de chaque paroisse de l'Election qui serait choisi dans
» une Assemblée provinciale.

» Ces trois ordres, assemblés séparément, choisiraient
» entre eux le nombre des députés que l'Election devrait en-
» voyer à l'Assemblée générale qui se tiendrait à Clermont-
» Ferrand, pour élire les députés à envoyer par la province
» aux Etats-Généraux, et pour donner à ces députés les pou-
» voirs nécessaires et toutes les instructions relatives à la si-
» tuation de la province.

» . . . . »

Les Assemblées examinèrent le Mémoire de M. de Beaune avec toute l'attention que méritait un tel sujet dans un pareil moment.

Dès sa première séance, l'*Assemblée d'Issoire* désigne une commission à l'effet de rechercher si les intérêts de l'Election n'étaient pas lésés par les propositions du Mémoire.

Dès le lendemain, la Commission présente son rapport dans lequel, après avoir constaté que M. de Beaune n'attribuait à l'Election d'Issoire que 36 représentants à l'Assemblée de la province, tandis que les Elections de Clermont, Riom, Saint-Flour et Aurillac, en avaient 48 ; elle rappelle que, relativement à la population, l'Election d'Issoire ne le cède qu'à celle de Clermont, et conclut à ce qu'elle soit traitée comme les autres. Sans se prononcer autrement, l'Assemblée décide que copie du rapport sera envoyée à M. de Beaune. La discussion n'eut lieu que le 25 octobre, à la veille de la clôture, après une nouvelle lecture du Mémoire.

En général, l'Assemblée n'approuve pas les propositions du vicomte de Beaune. Elle ne veut pas surtout accepter aveuglément les errements suivis dans les anciennes convocations d'Etats. Il lui semble déraisonnable de chercher toujours les modèles à suivre dans des temps reculés, où l'on ne pensait pas, où l'on n'agissait pas comme à l'époque présente. Suivant elle, *le respect dû aux anciens usages ne suffit pas pour faire adopter aveuglément l'ancienne constitution des Etats qui ne convient plus aux circonstances actuelles.*

Ainsi la nomination des membres des Etats ne doit pas être réservée seulement à ce qu'on appelait autrefois les *bonnes villes*. Les campagnes ont, elles aussi, des intérêts à défendre et à sauvegarder, et elles doivent être représentées aux Etats. Ainsi encore, le tiers, qui forme plus de la moitié de la nation, doit fournir au moins la moitié des membres des Etats. Cela a déjà été appliqué lors de la composition des Assemblées provinciales ; seulement, l'autre moitié ne doit pas être répartie également entre le clergé et la noblesse. « Le clergé a » beaucoup de membres dont les familles appartiennent au » tiers-état. Ces membres pourraient avoir plus de déférence » pour l'ordre auquel ils ont appartenu par la naissance que

» pour celui qu'ils ont adopté. Dans une discussion aussi im-
» portante il faut balancer les influences.

» Mais en même temps le tiers-état ne devrait jamais ad-
» mettre l'anobli qui, sortant à peine de la roture, se sent
» plus disposé à étendre un privilége qu'il vient d'acheter que
» la vraie noblesse qui le tient de sa naissance. »

L'Assemblée d'Issoire trouve enfin que le nombre de 300 électeurs ou membres des Etats particuliers, indiqué dans le Mémoire, est trop considérable ; ce serait une cause de tumulte bien plutôt qu'un moyen de faire de meilleurs choix. Elle opine pour le nombre de 172 membres, dont 44 de l'Election de Clermont, 24 des Elections de Riom, Issoire, Saint-Flour et Aurillac, et 16 des Elections de Brioude et de Mauriac.

L'*Assemblée de Riom* exprime tout d'abord le regret de n'avoir pas eu connaissance du Mémoire de M. de Beaune avant qu'il ait été présenté au directeur général des finances. « Les
» observations des différentes Assemblées de département,
» dit-elle, eussent été faites avec plus de confiance, si elles
» n'eussent craint que le Mémoire n'eût déjà passé sous les
» yeux du Roi. »

Puis, après avoir constaté que l'arrêt du conseil du 8 août 1788 reconnaît le droit de l'Auvergne en disant que le Roi désire rétablir les Etats dans les provinces où ils n'étaient que suspendus, ce qui est le cas de l'Auvergne, l'Assemblée passe à l'examen des preuves historiques invoquées par M. de Beaune. Elle en approuve quelques-unes tout en les trouvant incomplètes ; mais elle manifeste avec raison son étonnement de voir citer les Grands-Jours comme une preuve des Etats de la province. C'était, suivant elle, un acte extraordinaire de justice absolument étranger à l'existence des Etats. Elle ne comprend pas non plus pourquoi il serait si avantageux à la province de redevenir *pays d'Etats* avant la convocation des Etats-Généraux. « Elle ignore, dit-elle, que les pays d'Etats aient le droit
» d'envoyer plus de députés aux Etats-Généraux que les pays
» d'Election ; toutes choses d'ailleurs égales. »

Passant à l'examen de la dernière partie du Mémoire, relative à la composition des Etats provinciaux, l'Assemblée de Riom rédige un plan tout nouveau.

Elle voudrait : que ces Etats fussent composés de quatre membres par arrondissement, ce qui donnerait un total de cent vingt députés, si la province était réduite à six Elections, ou de cent trente-deux, si elle en conservait sept ;

Que les Assemblées de département ou d'Election fussent maintenues, parce qu'il est nécessaire que les Etats aient des correspondants dans chaque département, correspondants qui seraient à portée de veiller plus efficacement aux besoins et aux intérêts des municipalités ;

Que la prochaine Assemblée des Etats fût formée par la réunion des Assemblées de département faisant entre elles le nombre de 120 ou 132 membres ; et qu'elle restât ainsi composée pendant quatre ans. Au bout de quatre ans, la moitié des députés de chaque ordre se retirerait par la voie du sort ; deux ans après, l'autre moitié, et ainsi de suite.

Elle émet le vœu : que la manière ancienne de convoquer le clergé soit suivie, en ajoutant seulement deux curés par département ;

Que pareillement, suivant les anciens usages, la noblesse soit convoquée par le sénéchal d'Auvergne et le bailli des montagnes ;

Que, relativement au tiers-état, il soit pris un député par ville ancienne ou nouvelle et un par arrondissement ;

Que l'Assemblée des trois ordres de la province soit réunie au point le plus central, dans la ville d'Issoire, ou sinon, dans la ville de Riom qui, au titre de chef-lieu de la Généralité, joint la qualité de centre commun des affaires.

Enfin, l'Assemblée de Riom estime que le nombre des députés aux Etats-Généraux doit être fixé d'après la population et la masse de l'impôt, et que, par conséquent, l'Auvergne étant un quarantième du royaume, et payant un quinzième des impôts, doit représenter aux Etats-Généraux le *vingt-septième* du royaume.

L'*Assemblée de Clermont* profite, elle aussi, de l'occasion que lui fournit l'examen du Mémoire de M. de Beaune, pour formuler ses idées particulières au sujet des Etats de la province.

A son point de vue, la province d'Auvergne ne doit pas demander la convocation des Etats particuliers *administratifs*, avant la tenue des Etats-Généraux. Procéder autrement, serait s'exposer à des modifications, à des changements toujours délicats et difficiles. *La Nation, assemblée en Etats-Généraux pour chercher non-seulement les moyens de subvenir aux besoins du Gouvernement, mais encore pour se régénérer elle-même, pourrait aviser à des réformes dans tous les corps de l'Etat, qui amèneraient un nouvel ordre de choses.*

Au contraire, et en cela l'Assemblée partage l'opinion de M. de Beaune, la province a tout intérêt à obtenir des Etats particuliers pour députer aux Etats-Généraux. Seulement ces Etats se sépareront après les députés nommés et les cahiers rédigés. Le choix des députés ne peut être fait par bailliages, comme autrefois. Les bailliages et sénéchaussées diffèrent considérablement les uns des autres en étendue, en richesses, en population; et cependant il est d'usage que chaque bailliage ait à peu près le même nombre de députés; et puis, en députant comme pays d'Election, la province aurait probablement un nombre de députés inférieur à celui qu'elle devrait rigoureusement avoir. Le droit de s'assembler en Etats, accordé à l'Auvergne, remédiera à tous ces inconvénients.

Mais comment seront formés ces Etats particuliers? L'Assemblée de Clermont estime qu'ils doivent comprendre cent soixante-huit députés, dont moitié du tiers-état, un quart du clergé et un quart de la noblesse. Ces 168 membres seraient députés par chaque Election, proportionnellement aux impôts et à la population. « L'impôt étant la principale cause motrice
» de la convocation aux Etats-Généraux, la portion d'impôt
» que supporte chaque Election, paraît devoir être la mesure
» de ses droits pour y voter. »

En calculant sur ces bases, on attribuerait : à l'Election de

Clermont 44 membres ; à chacune des Elections de Riom, Saint-Flour et Aurillac, 24 membres ; à l'Election d'Issoire 20 membres, et 16 membres aux Elections de Brioude et de Mauriac.

Pour ce qui est des opérations intérieures des Etats, l'Assemblée pense que les trois ordres assemblés séparément doivent nommer chacun les députés de leur ordre ; et, quant au nombre des députés à nommer, que l'Auvergne étant le quarantième du royaume en population, et ses contributions représentant le dix-septième des impositions des autres provinces réunies, elle devrait fournir au moins le *vingt-huitième* des députés aux Etats-Généraux.

Appelée à faire aussi ses observations sur les propositions du vicomte de Beaune, la *Commission intermédiaire*, après avoir pris connaissance des délibérations rédigées à ce sujet par les Assemblées d'Election, décida de joindre ses sollicitations à celles de M. de Beaune pour faire remettre en activité les anciens Etats de la province.

« Mais la Commission ne peut se dissimuler qu'il existe
» dans l'ancienne constitution des Etats de cette province des
» abus qu'il est impossible de laisser subsister, tels que la re-
» présentation du tiers-état par les seules *bonnes villes* du
» haut et du bas pays, la représentation du clergé par les
» prélats, abbés et certains chapitres, sans le concours des
» autres classes du clergé.... (1). »

Voulant contrebalancer les démarches faites par la Haute-Auvergne, en vue d'une séparation, la Commission émet l'avis que toute la province ne forme *qu'une seule et même administration composée d'un nombre de députés du haut et du bas pays proportionné soit à l'impôt, soit à la population, soit en raison composée de l'un et de l'autre.*

---

(1) Délibération du 15 novembre 1788. — *Registres de la Commission intermédiaire*, volume 2, folio 82. — (*Archives départementales.*)

Enfin, suivant le vœu à peu près unanime des Assemblées d'Election, elle demande que la province soit divisée en quatre ou six parties égales, qui seraient représentées par un nombre égal de députés. « C'est, dit-elle ce qui est le plus propre » à maintenir la balance et la bonne union entre toutes les » parties de la province; » et elle arrête de supplier le Roi de donner à l'Auvergne le vingt-huitième du nombre des députés du royaume aux Etats-Généraux. *C'est le nombre qui lui revient en raison composée de ses impôts et de sa population* (1).

En somme, Commission intermédiaire et Assemblées d'Election, tous étaient unanimes pour la revendication des Etats de la province, unanimes aussi pour demander que l'Auvergne fournît un député sur vingt-huit dans la masse totale des députés aux Etats-Généraux. Mais il y avait d'assez notables divergences entre elles au sujet des modifications à introduire dans les us et coutumes qu'on avait observés jusque-là pour la députation aux Etats-Généraux.

Les Assemblées d'Election de la Basse-Auvergne se séparèrent, celle de Clermont le 24, celle d'Issoire le 25, et

---

(1) A cette délibération que lui communiqua la Commission intermédiaire, M. de BEAUNE répondit par la lettre suivante :

« Paris, 27 novembre 1788.

» Messieurs,

» J'ai reçu avec votre lettre du 15 de ce mois, la délibération que vous avez
» prise le même jour relativement à la composition des États provinciaux d'Au-
» vergne, à la conservation de l'union entre les différentes parties et au nombre
» de députés qu'elle doit obtenir aux États généraux. Et je vous prie, Mes-
» sieurs, d'être persuadés de mon empressement à faire valoir les observations
» contenues dans cette délibération. Mais je ne puis vous dissimuler, Messieurs,
» que le plan de formation des États de la province devant être fait par la
» province elle-même, il s'agit moins de faire connaître dans ce moment vos
» observations sur cette formation, que celles sur la conservation de l'union
» entre les différentes parties de la province et sur le nombre des députés
» qu'elle doit avoir aux Etats généraux, et vous pouvez être assurés, Messieurs,
» que je ne négligerai rien pour que la justice et l'importance de votre de-
» mande vous procurent une décision conforme à vos désirs.

» J'ai l'honneur, etc.   Le vicomte DE BEAUNE. »

(*Archives départementales. Fonds de la Commission intermédiaire.*)

celle de Riom le 27 octobre, après une session courte, il est vrai, mais des plus laborieuses.

CHAPITRE III.

La Commission intermédiaire en 1789-1790. — Fin de l'Administration provinciale.

Les Assemblées d'Election une fois séparées, la Commission intermédiaire resta seule en face des difficultés de l'administration. Cet isolement était d'autant plus grand, d'autant plus sensible, qu'on savait qu'il ne fallait plus compter sur l'Assemblée provinciale pour sanctionner les mesures prises et valider les comptes de gestion. Le Gouvernement venait de rendre publique la détermination qu'il avait prise de ne pas réunir les Assemblées provinciales en 1788 (1); et, après 1788, c'était, avec les Etats-Généraux, l'inconnu qui s'avançait gros de remaniements et de bouleversements.

Aussi les membres de la Commission furent-ils effrayés de la terrible responsabilité qui allait peser sur eux, et sur eux seuls. Ils devinrent plus soigneux, plus méticuleux, plus vétilleux, s'il est possible, dans l'exercice de leurs fonctions. Mais, ne se sentant plus étayés dans la province, ils se montrèrent

(1) Voici la lettre par laquelle le ministre prévient l'intendant d'Auvergne de cette détermination :

« Paris, le 15 octobre 1788.

» Sa Majesté s'est décidée, Monsieur, à ne point ordonner, pour cette année,
» la convocation des Assemblées provinciales. J'en informe M. le vicomte de
» BEAUNE, président de l'Assemblée provinciale d'Auvergne, ainsi que la
» Commission intermédiaire, et je m'empresse également de vous en faire part.
» J'ai l'honneur, etc. NECKER. »

(*Archives départementales. — Fonds de la Commission intermédiaire.*)

En écrivant à la Commission, le directeur général des finances lui recommanda de faire un compte-rendu de ses travaux, tout comme si elle eût eu à le présenter à l'Assemblée.

aussi parfois irrésolus et indécis devant des questions à trancher. La crainte de mal faire les rendit soupçonneux et susceptibles à l'endroit de leurs attributions, à l'endroit aussi des appréciations qui pouvaient se produire sur les décisions qu'ils avaient prises.

C'est à cette disposition d'esprit qu'il faut attribuer le ton aigre-doux d'une délibération prise par la Commission le 28 janvier 1789, à propos du procès-verbal imprimé de l'Assemblée d'Election de Riom. Examen fait de ce procès-verbal, la Commission avait cru y trouver des reproches indirects, des allusions blessantes pour elle. Entr'autres passages, elle relevait celui-ci :

« On ignore, dit le procès-verbal de Riom à propos des
» ateliers de charité, si plusieurs communautés ne se sont pas
» adressées directement à la Commission intermédiaire qui
» *peut avoir oublié* de faire passer au bureau leurs demandes
» et mémoires à cet égard (page 653). » — Et elle mettait
en marge l'observation suivante :

« Si quelques communautés ont eu ce tort envers le bureau
» dont elles relèvent, la Commission prie le bureau de les
» traiter avec plus d'indulgence que le bureau n'a mis de ré-
» serve à soupçonner et à censurer publiquement les *oublis*
» *possibles de la Commission.*

» La Commission, ajoutait cette délibération, rendant hom-
» mage aux vues patriotiques et bienfaisantes qui se trouvent
» consignées au procès-verbal imprimé de Riom, ne peut qu'ê-
» tre infiniment sensible au ton de reproches et d'aigreur qui
» règne dans cet ouvrage. Elle regrette de ne pas y trouver
» des détails plus circonstanciés sur ce qui regarde l'objet es-
» sentiel d'une Assemblée de répartition.

» . . . .

» Elle arrête d'écrire au bureau et à M. le président pour
» témoigner la juste et vive sensibilité de la Commission aux
» plaintes consignées dans cet imprimé, en représentant au
» bureau et à M. le président que, dans le cas même où ces

» plaintes du département eussent été fondées et sans ré-
» plique, les députés qui composent ladite Commission se
» seraient encore flattés d'avoir droit à plus d'égard, et que,
» sans prétendre qu'il n'ait pu échapper aucune omission
» dans leur correspondance avec les bureaux, ils croiraient
» n'avoir pas mérité d'être publiquement censurés par MM. du
» département.

» Arrête pareillement qu'en envoyant au bureau et à M. le
» président les articles ci-dessus, il sera de plus observé, que
» si la Commission s'abstient de rendre publique à son tour,
» par la voie de l'impression, ses réponses au département de
» Riom, c'est uniquement pour ne pas laisser transpirer, hors
» de sa correspondance, des discussions de famille pénibles à
» traiter, mais non capables d'altérer l'union fraternelle, et
» dont il serait encore plus fâcheux d'instruire le public.

» Arrête enfin que le bureau de Riom sera très-expressé-
» ment invité à mettre plus de confiance dans ses rapports avec
» la Commission (1).

» . . . . »

Certes, en présence de l'appréhension qui régnait dans la plupart des esprits au commencement de 1789, et, quelques mois plus tard, en présence de la transformation qui s'accomplit soudainement dans les institutions politiques, civiles et financières, on conçoit sans peine la circonspection ombrageuse de la Commission intermédiaire.

Dans les années précédentes, elle avait eu des difficultés à vaincre, parfois des résolutions à prendre sur des sujets délicats; mais jamais elle ne s'était trouvée dans une situation pareille à celle que lui créèrent les événements de 1789. D'un côté, ses traditions et ses connaissances en matière d'impôts se trouvaient singulièrement bouleversées par ces décrets qui assimilaient les ci-devant privilégiés aux autres contribuables, et les soumettaient à l'impôt pour les six derniers mois de

___
(1) Voir aux Pièces justificatives, n° X.

1789, par l'établissement de la contribution patriotique et autres changements de même nature. D'autre part, la misère générale devenue plus grande encore par suite des ouragans et des mauvaises récoltes, rendait les recouvrements très-difficiles, souvent même impossibles. Enfin, et d'autre part encore, la Commission se sentait en présence d'un nouveau rôle à prendre, bien différent de celui qui lui avait été assigné. L'intendant ayant quitté son poste et l'Assemblée provinciale n'ayant pas en ce moment d'existence légale, la Commission intermédiaire était, dans la province, le seul grand pouvoir resté debout. Chargée déjà de la répartition des impôts et de l'administration des fonds de la province, tout la conviait à prendre en mains la direction politique, afin d'arriver à calmer et éclairer les esprits, à devenir un instant, dans cette période transitoire qui accompagne chaque révolution, le Gouvernement de la province d'Auvergne. Grâce au caractère des habitants, il n'y eut pas alors en Auvergne de troubles graves ; mais s'il en fût survenu, ils auraient pu être imputables à l'inertie de la Commission intermédiaire. Sans chercher aucunement à endoctriner les citoyens pour ou contre l'ancien régime, pour ou contre l'Assemblée nationale, il y avait place pour une action utile. La Commission en eut conscience, mais elle n'eut pas le courage nécessaire pour l'exécution.

Ce qui prouve du reste la possibilité et même l'opportunité de ce rôle dévolu par la force des choses aux Commissions intermédiaires provinciales, c'est que quelques-unes le prirent et l'exercèrent en partie (1).

N'accusons pas cependant, plus que de raison, la Commission intermédiaire. Pour jouer le rôle que nous venons d'indiquer, il lui fallait, à sa tête, un homme énergique et animé de l'esprit de l'Assemblée nationale ; cet homme, elle ne l'avait pas. Il fallait qu'elle s'écartât des fonctions déléguées par l'Assemblée provinciale ; et la Commission était esclave de la consigne, comme si les lois humaines n'étaient pas

---

(1) Voir aux Pièces justificatives, n° XI.

quelquefois obligées de fléchir devant le courant des événements. Il fallait à la Commission de la force, de la cohésion ; et cette force, cette cohésion lui faisaient défaut. Il lui fallait enfin le concours de tous ses membres ; et ce concours, les circonstances l'en avaient privée.

Au mois d'octobre 1789, il ne restait plus à la Commission, en dehors des deux procureurs syndics, que deux membres délibérants : M. l'abbé de la Mousse et M. Perret (d'Aurillac), désigné, par la Commision intermédiaire, pour remplir provisoirement les fonctions laissées vacantes par la démission de M. Leygonier de Pruns (1).

La réunion des Etats-Généraux, en lui enlevant M. Branche, M. de Mascon, et le secrétaire provincial, M. Grenier, nommés tous trois députés de la sénéchaussée d'Auvergne, l'avaient privée d'une coopération précieuse. La démission du président, M. de Beaune, à la fin de septembre (2), acheva

(1) M. de Pruns qui, depuis plusieurs mois déjà n'assistait plus aux séances de la Commission intermédiaire, ayant donné sa démission, cette démission fut acceptée le 2 janvier 1789, et adressée au directeur général des finances avec prière de désigner pour remplacer M. de Pruns, M. Perret, conseiller au présidial d'Aurillac et membre du tiers-état de l'Assemblée provinciale. Le 15 janvier, le directeur général répondit que la nomination d'un membre de la Commission intermédiaire appartenait exclusivement à l'Assemblée provinciale ; que si cependant il y avait à craindre que le service ne fût interrompu, elle pourrait choisir parmi les membres de l'Assemblée provinciale un membre du même ordre, mais que cette nomination ne serait que provisoire jusqu'à la convocation de la prochaine Assemblée provinciale ; que du reste, il vaudrait mieux prendre un membre résidant à Clermont ou dans les environs pour qu'il fût à portée d'assister exactement aux travaux de la Commission. — Le 3 février 1789, la Commission désigna M. Perret. M. de Pruns étant député à l'Assemblée provinciale, comme représentant le tiers-état d'Aurillac, la commission se crut obligée de lui donner un successeur dans les mêmes conditions, c'est-à-dire, un député du tiers-état de l'élection d'Aurillac. — M. Perret fut installé dans ses nouvelles fonctions, le 13 février 1789. — (*Archives départementales.* — *Registre de la Commission intermédiaire.*)

(2) Voici la lettre par laquelle M. de Beaune annonce sa démission aux membres de la Commission intermédiaire :

« Paris, le 29 septembre 1789.
» Messieurs,
» Lorsque j'ai été nommé président de l'Assemblée provinciale d'Auvergne, » j'ai senti combien ces fonctions étaient flatteuses et honorables pour moi, et

de la désorganiser. Cet accroissement incessant d'une responsabilité déjà lourde mit le comble au découragement des membres restants. C'est alors qu'ils firent part de leur détresse au directeur général des finances, en le priant de convoquer au plus tôt une Assemblée de la province, pour qu'il fût possible à la Commission de faire la remise de ses pouvoirs. Qu'on nous permette de reproduire ici cette lettre écrite *confidentiellement*; elle est curieuse à plus d'un titre :

« Du 17 octobre 1789.

» Permettez qu'après avoir répondu officiellement aux dé-
» pêches que vous nous avez fait l'honneur de nous adresser,
» comme premier ministre des finances, nous ayons recours
» plus particulièrement à vous, comme premier instituteur des

» j'ai fait tous mes efforts pour prouver à cette province que le plus grand prix
» que j'y attachais était de pouvoir un jour contribuer au soulagement de mes
» malheureux compatriotes. Mais ma mauvaise santé et mes infirmités mêmes
» ne me permettent plus de suivre avec la même application l'exercice de
» ces fonctions. J'ai l'honneur de vous prévenir, Messieurs, que je me suis
» adressé au ministère pour faire agréer au Roi ma démission de cette place,
» et que Sa Majesté a bien voulu l'accepter.
» Si les travaux auxquels je me suis livré (et dans lesquels j'ai été si bien
» secondé par mes compatriotes) pendant la tenue de l'Assemblée provinciale
» en 1787, et depuis ce temps, soit pendant mes séjours à Paris, soit pendant
» mes voyages en Auvergne, où je me suis toujours empressé de profiter de
» vos lumières, peuvent me donner plus de droit à la bienveillance, ou du
» moins au souvenir de cette province, je serai bien récompensé, et il ne
» manquera plus à mon bonheur que de la voir bientôt jouir du bien que le
» zèle de l'Assemblée provinciale n'a pu qu'indiquer, mais que sa Commission
» intermédiaire a sans doute commencé.
» Soyez persuadés, Messieurs, de tous mes regrets d'être forcé par de pa-
» reils motifs de ne plus partager vos travaux. Mais j'en sentirai moins l'a-
» mertume si vous me continuez cette amitié dont vous avez bien voulu me
» donner des preuves, et que je ne négligerai jamais de cultiver singulièrement
» dans le séjour que ma situation me détermine à aller faire incessamment en
» Auvergne.
» J'ai l'honneur d'être, etc. » Le vicomte de BEAUNE. »
(*Archives départementales. — Fonds de la Commission intermédiaire.*)
Le 5 octobre suivant, la Commission écrivit à M. DE BEAUNE pour lui témoigner tous les regrets que lui causait cette démission inattendue.

» administrations provinciales, pour déposer dans le sein de
» M. Necker, notre génie tutélaire et bienfaisant, avec la con-
» fiance qui lui est due, l'extrême embarras des circonstances
» où nous nous trouvons, circonstances que nous désirons n'ê-
» tre connues que de vous, et sur lesquelles nous vous prions
» de nous donner avis.

» Cette province, Monsieur, n'a heureusement pas encore
» éprouvé de violentes secousses, malgré la cherté des grains
» et l'annonce d'un hiver contre lequel nous craignons de voir
» échouer les ressources de l'administration. Mais cette paix
» dont l'Auvergne est redevable au bon esprit occupé des
» laborieux habitants de nos campagnes, nous craignons de
» la voir cesser, lorsque cesseront les travaux paisibles de l'a-
» griculture.

« Les municipalités de cette province plus ou moins élec-
» trisées par une foule d'écrits circulaires, se constituent,
» comme partout, à l'envi les unes des autres, et semblent
» acquérir une force de réaction qui peut, d'un jour à l'autre,
» faire naître des événements.

» L'espoir d'un soulagement dans la surcharge évidente des
» impôts avait soutenu le peuple jusqu'ici.

» L'attente d'une prochaine convocation de la province
» encourageait seule nos départements. Quel va donc être
» l'embarras des administrateurs et l'étonnement des contri-
» buables, pour peu que la formation des Assemblées pro-
» vinciales éprouve encore des retards, quand il faudra publier,
» répartir et supporter de nouvelles impositions!

» Nous ne pouvons le dissimuler, Monsieur, nos départe-
» ments se décomposent au point qu'il leur sera difficile, pour
» ne pas dire impossible, de faire, sur la plupart des villes,
» l'essai de la nouvelle répartition. Quelques-uns de nos bu-
» reaux intermédiaires ne peuvent déjà plus se compléter par
» la dispersion de leurs membres; et nous-mêmes, Monsieur,
» ne sommes pas sans inquiétudes pour les bureaux de la
» province, au centre de la principale cité d'Auvergne.

» Les villes plus centrales se sont constituées chefs-lieux
» d'arrondissement, et s'emparent de l'administration, non-
» seulement de leur commune, mais encore de celle de leur
» district. Les corps et les communautés avec les riches parti-
» culiers sont mis à contribution pour des dépenses dont les
» pauvres trouveront l'excédant fort à dire cet hiver, et qui
» mettront les riches d'autant moins à l'aise pour solder le
» surcroît d'impôt qui les attend.

» Quelles pourront être nos ressources et les moyens d'une
» Commission intermédiaire provinciale réduite comme la nô-
» tre à deux seuls députés, par l'absence de deux de nos
» membres qui se trouvent à l'Assemblée nationale, isolés
» d'ailleurs par la démission de notre président, dégarnis du
» chef de nos bureaux par l'absence de notre secrétaire pro-
» vincial aussi député aux Etats-Généraux, privés enfin des
» secours et des lumières de quatre députés honoraires que
» l'Assemblée provinciale de 1787 nous avait désignés pour
» être appelés à nous dans les circonstances plus difficiles ?

» Ce n'est pas le moment, nous le sentons, d'offrir nos
» démissions, quelque pénible que puisse être la perspective
» d'une Commission orageuse. Mais lorsque toute espèce d'ad-
» ministration devient précaire, devons-nous tarder plus long-
» temps à faire connaître à nos commettants que nous crai-
» gnons de ne pouvoir plus user utilement de leurs mandats ?

» Le soin de nous compléter a paru, Monsieur, devoir être
» notre première démarche et la seule précaution qui pût dé-
» pendre de nous. C'est ce qui nous a décidés à rappeler, au-
» tant qu'il serait en notre pouvoir, ceux de nos Messieurs
» qui se trouvent à l'Assemblée nationale, au retour desquels
» nous désirons que cette auguste Assemblée ne mette point
» d'obstacles.

» Nous vous prions, Monsieur, de prendre en considération
» l'ensemble des circonstances particulières de notre position,
» et de peser dans votre sagesse s'il ne serait pas instant de
» nous mettre, par une convocation prochaine de la province,

» à même de lui remettre les pouvoirs dont elle nous avait
» honorés.
» Nous sommes, etc.

» *Les membres de la Commission intermédiaire*
» *provinciale d'Auvergne* (1). »

Ainsi mutilée et disloquée par les démissions et les absences, la Commission intermédiaire avait évidemment perdu de son autorité et de sa force morale. On comprend alors pourquoi elle se renferma exclusivement dans le cercle de ses attributions administratives. Constatons cependant que, quelquefois, à propos de questions d'impositions, elle ne laissa pas que d'inviter les populations au calme et au respect des lois, et de prêcher la conciliation et la concorde. C'est ce qu'elle fit notamment dans un arrêté du 19 septembre 1789, à l'occasion du retard qu'éprouvait le recouvrement des impôts.

« Considérant, dit un passage de cet arrêté, que le bien pu-
» blic et la régénération même la plus désirable ne saurait être
» opérée dans les crises de l'insubordination et de l'anarchie;
» . . . .
» Considérant que si la perception actuelle des impôts, en
» attendant le bienfait d'une répartition plus exacte, éprouvait
» des retards affectés ou des contraventions multipliées, l'admi-
» nistration se trouverait, au détriment de la province, hors
» d'état de faire face aux dépenses publiques : les travaux se-
» raient suspendus ; le cours des bienfaisances interrompu ;
» les sources d'amélioration taries, et tous les moyens de sou-
» lagements dans les calamités publiques détruits ;
» Avons arrêté d'écrire à chacun des bureaux intermé-
» diaires des départements de cette province, pour, par eux, en
» réunissant leur zèle à celui de la Commission provinciale, à
» l'exemple des administrations de Rouen, de Nancy, de Vil-
» lefranche, et de la ville de Milhau, inviter les municipalités

(1) Archives départementales. — Fonds de la Commission intermédiaire.

de leurs districts à une confédération d'honneur, de vertu,
» d'humanité et de respect pour les lois ; leur observer qu'ap-
» pelés à la liberté et non à la licence, les particuliers ne peu-
» vent, dans aucun cas, prétendre le droit de se faire à eux-
» mêmes justice par voie de fait, au mépris des lois et des
» tribunaux ; que les horreurs d'une telle anarchie seraient
» mille fois plus redoutables que les inconvénients du régime
» arbitraire ;

» Qu'enfin le désordre particulier des finances de la pro-
» vince ou d'un département, si la perception courante des
» impôts pouvait être interrompue, ajouterait au malheur du
» temps et à la dette nationale, un surcroît de charges parti-
» culier à la province, au département et aux collectes qui
» devraient tôt ou tard en supporter le rejet (1).

» . . . . »

Vers la fin d'octobre 1789, épouvantée des difficultés qui l'attendaient à la répartition des nouvelles impositions décrétées, la Commission intermédiaire, ainsi qu'elle l'avait annoncé au ministre, appela à la rescousse ceux de ses membres qui siégeaient à l'Assemblée nationale.

« Lorsque vous fûtes députés aux Etats-Généraux, leur
» écrit-elle, nous pouvions nous promettre de vous remplacer
» ici pour le courant des expéditions de la province à force
» de zèle et d'assiduité de notre part. Le désir le plus em-
» pressé de vous être utiles, et la confiance dans les ressources
» de votre utile correspondance nous décidèrent à ne mettre
» aucun obstacle à votre éloignement, quelque vide que pût
» faire parmi nous votre absence de la Commission.

» Notre position a bien changé et devient plus critique par
» l'annonce des nouvelles opérations que le premier ministre
» des finances nous a fait l'honneur de nous adresser avec
» les déclarations rendues par les décrets de l'Assemblée na-
» tionale.

» Nous craignons de nous trouver en trop petit nombre à la

(1) Pièces justificatives, n° XII.

» tête des bureaux de la province pour faire à nous seuls avec
» incertitude le premier essai de la nouvelle répartition.
 » Votre abscence nous prive d'un trop grand secours.... »

La Commission termine en priant ses membres députés de demander un congé temporaire pour venir l'aider de leurs lumières et partager ses travaux.

Comme on devait s'y attendre, la démarche n'aboutit pas. Tous trois déclinèrent l'invitation.

« La confiance de mes commettants, dit M. de Mascon,
» et l'intérêt de notre province me prescrivent le devoir de ne
» pas quitter l'Assemblée, et, dans tous les cas, je ne le ferai
» jamais sans me voir remplacé ici par un suppléant et sans
» être très-assuré à cet égard du consentement de tous mes
» compatriotes..........

» Ma retraite de l'Assemblée ne serait ni décente ni con-
» venable..... » répond M. Branche en offrant sa démission de membre de la Commission provinciale.

« Nous sommes liés, dit d'autre part M. Grenier, par un
» serment de ne pas nous séparer que la Constitution du
» royaume ne soit achevée..... Les circonstances actuelles
» ne permettent pas qu'il manque un seul ouvrier au grand
» atelier de la régénération du royaume..... Je ne pourrais
» quitter mon poste avec honneur et décence, et sans m'expo-
» ser à l'improbation de l'Assemblée nationale et de mes com-
» mettants..... et il offre aussi sa démission (1). »

Force fut donc à la Commission intermédiaire écourtée, de parer seule aux éventualités administratives. Elle n'avait plus à compter sur ceux de ses membres qui avaient été détachés d'elle, plus guère à compter non plus sur le ministère qui avait déjà fort à faire de naviguer et de se maintenir entre la cour et l'Assemblée nationale. Elle continua avec résignation son labeur sans gloire, travaillant à la répartition des nouveaux impôts sur les privilégiés, cherchant à maintenir autant que possible en activité le service de l'entretien des routes, et

---

(1) Archives départementales. — Fonds de la Commission intermédiaire.

évitant de s'immiscer trop avant dans les affaires des municipalités.

Elle eut à s'occuper d'une manière toute spéciale des décharges et dégrèvements d'impôts, et de la distribution de secours pour le soulagement des pauvres. La misère était au comble en Auvergne. — « La Commission intermédiaire, dit
» le compte-rendu de 1789 (1), pénétrée de commisération
» pour la misère inexprimable des peuples de cette province,
» .... s'est déterminée à disposer de tous les fonds
» à sa disposition, en faveur plus particulièrement des pauvres
» contribuables affligés par les fléaux de la grêle, incendies,
» perte de bestiaux, et plus encore par le prix excessif des
» denrées qui a réduit le pauvre peuple, dans certains can-
» tons de la province, à se pourvoir d'herbe dans la campagne,
» pour fournir à sa subsistance. »

La disette était si grande qu'en janvier 1790 la Commission se vit obligée de faire distribuer, à titre de secours extraordinaires, aux municipalités les plus nécessiteuses, des sommes d'argent et des quantités assez considérables de riz, de farine et de fèves (2).

La province d'Auvergne ayant disparu dans le remaniement général des divisions administratives de la France, la Commission intermédiaire, chargée de l'administration provinciale, n'avait plus de raison d'être. Aussi, dès que le Directoire du département du Puy-de-Dôme eut été installé, s'empressa-t-elle de faire procéder à l'inventaire des papiers de son greffe et à la vérification et réception de ses comptes. Les opérations, commencées le 31 août 1790, se continuèrent pendant tout

---

(1) Compte de l'administration de la province d'Auvergne, exercice 1788, 1789 et 1790, page 263.

(2) Parmi ces municipalités, nous citerons: Champeix, Montferrand, Tauves, Latour, Dallet, Bourg Lastic, Courpière, Olliergues, Vic-le-Comte, Montaigut en Combrailles, Arlanc, etc.
D'après le compte-rendu, le riz distribué s'élevait à 13,251 livres pesant, la farine et les fèves n'étaient qu'en petite quantité.

le mois suivant. Le 28 septembre, dans une dernière séance, la Commission présenta ses comptes d'administration à six commissaires spécialement délégués, savoir : à MM. Destaing et Bonjour, députés, commissaires du département du Puy-de-Dôme; à MM. Raymond et Lafond, députés, commissaires du Cantal; et à MM. Forier et Vidal, commissaires de la Haute-Loire.

La Commission intermédiaire provinciale d'Auvergne avait vécu. Son existence, assez obscure, n'avait eu rien de bien remarquable. Quelques conflits, bientôt apaisés (1), étaient venus

(1) En voici un des plus importants. — A la fin de novembre 1789, M. DE BIAUZAT, député, mentionna dans sa correspondance avec la municipalité de Clermont, que : lors d'une conférence des députés d'Auvergne, tenue le 7 novembre, chez M. l'évêque de Clermont, les députés de Saint-Flour avaient reproché à la Commission intermédiaire sa partialité pour la Basse-Auvergne, et son mauvais vouloir pour le Haut Pays. Instruite de ce fait, la Commission, d'autant plus vivement froissée qu'elle se savait à l'abri du soupçon, écrivit à ceux de ses membres qui étaient députés, en les priant de demander des explications au sujet de ces inculpations. — MM. BRANCHE, GRENIER et DE MASCON prirent chaudement l'affaire, et de leurs informations il ressortit clairement que la correspondance de M. de BIAUZAT avait parlé un peu légèrement, et donné une fausse interprétation d'une phrase sans importance, prononcée par M. DE VILLAS. Quelques jours après, la Commission reçut une déclaration en date du 3 décembre 1789, dans laquelle MM. l'Evêque de Saint-Flour, DAUDE, BERTRAND et de VILLAS, députés de Saint-Flour, rendaient pleinement justice à l'impartialité et à la bonne administration de la Commission provinciale d'Auvergne : « ......
» Nous déclarons, disaient ces députés, qu'il est faux qu'aucun de nous, soit
» dans cette circonstance, soit dans aucune autre, se soit permis de pareilles
» plaintes contre la Commission intermédiaire; qu'il nous souvient seulement
» que dans la séance du 7 novembre dernier, dont il s'agit, M. DE VILLAS,
» parmi les moyens qu'il employa pour étayer sa demande en séparation de la
» Haute-Auvergne d'avec la Basse, insista sur la difficulté qu'il y aurait toujours
» de faire résider à Clermont des habitants de Saint-Flour pour composer la
» Commission intermédiaire, et dit que naturellement, dans ce cas, tous les
» membres étant forcément pris dans la Basse, celle-ci aurait plus d'influence
» dans la distribution des grâces comme dans l'allégement de l'impôt. — Nous
» déclarons tous également qu'aucun de nous, excepté M. DE VILLAS, n'a pro-
» noncé le mot de Commission intermédiaire, et que nous reconnaissons tous
» avoir été traités avec justice et intégrité, par la Commission intermédiaire, dans
» la distribution des fonds de bienfaisance, ateliers et fonds de remises quel-
» conques, ce que nous pouvons attester avec d'autant plus de certitude que nous
» soussignés, composons le bureau de notre département...... » (*Archives départementales.*)

traverser ses paisibles travaux, mais n'avaient pas réussi à fixer sur elle l'attention publique. N'ayant aucune initiative, aucun pouvoir créateur, ne jouissant que d'attributions administratives purement exécutives, il lui avait été impossible d'introduire de son chef aucune modification, aucune réforme utile, comme elle l'eût désiré. Cette tâche ingrate et sans compensation, que les règlements royaux lui avaient imposée, elle s'en était acquittée avec une abnégation, une sollicitude et une modération d'autant plus méritoires, que les esprits étaient plus agités, les temps plus orageux et plus difficiles. Il est juste que l'Auvergne en garde le souvenir.

Avec la Commission intermédiaire finit l'administration de l'Assemblée provinciale.

Ces Assemblées, nous l'avons déjà dit, auraient certainement produit de bons résultats, si leur existence se fût prolongée en temps calme. Les lois qui les avaient établies, n'avaient pas, il est vrai, rattaché et raccordé cette institution nouvelle aux autres lois de l'Etat, ce qui amenait parfois des discordances; mais le temps aurait aplani les difficultés et mis fin aux incohérences de la législation. C'est donc au défaut de temps seul qu'il faut en définitive imputer l'absence de résultats effectifs.

Est-ce à dire toutefois que les Assemblées provinciales aient été absolument inutiles? Loin de nous cette affirmation. Les Assemblées provinciales ont servi, pour ainsi dire, de vestibule à la Révolution. Grâce à elles, des hommes nouveaux, pleins des idées nouvelles, se sont produits et ont commencé à essayer leurs forces. Leurs travaux et leurs recherches ont mis à découvert les innombrables plaies dont souffraient les peuples de l'ancienne France. Les Assemblées provinciales n'ont rien guéri, mais elles ont préparé la guérison, en faisant, en quelque sorte, toucher au doigt les blessures les plus cachées.

Leur œuvre a été comme une vaste enquête ouverte dans tout le royaume, enquête qui a porté la lumière là où il n'y avait que ténèbres; enquête qui a rassemblé et fait connaître les matériaux d'après lesquels ont été plus tard rédigés les remarquables Cahiers de 1789; enquête, enfin, qui, sous de hautes classes corrompues, a fait voir, à la surprise d'un grand nombre, un corps de nation plein de vitalité, sentant ses souffrances et apte à les soulager.

FIN.

PIÈCES JUSTIFICATIVES.

N° 1.

Sollicitations de Clermont pour devenir le siége de l'Assemblée provinciale.

Assemblée du conseil de ville de Clermont-Ferrand convoquée par M. le Maire, tenue par lui et les officiers municipaux le 30 juillet 1787, à laquelle ont assisté :

MM. Reboul, maire;
Monestier, Bonarme, échevins;
Lasteyras, Mossier, Solignat, assesseurs;
Magaud, procureur du roi de la ville.

M. le Maire a fait le récit suivant :

Messieurs,

Je n'ai pu m'occuper, à mon retour de l'Assemblée des notables, de vous rendre compte de cette Assemblée mémorable. Les incommodités que j'ai éprouvées ont suspendu mon empressement; et, dans la suite, les affaires du corps commun et les miennes particulières m'ont distrait de cet objet pour un temps. J'étais néanmoins toujours dans l'intention de vous remettre l'historique de cette honorable Assemblée avec les arrêtés du bureau de Monseigneur le prince de Conti dont j'avais l'honneur d'être un des membres.

Mais les circonstances où se trouve cette ville, dont il est important de faire registre, m'obligent, Messieurs, de vous rappeler l'honneur qu'a fait le Roi à cette ville comme capitale de la province, en appelant dans ma personne celui que Sa Majesté a placé à la tête du corps municipal.

Vous avez fait registre de la lettre de cachet qui m'a été adressée pour assister à l'Assemblée des notables. Je suis parti, comme vous en avez été instruits, le 15 janvier dernier pour obéir aux ordres du Roi. L'Assemblée ayant été terminée le 25 mai dernier, je me suis rendu auprès de vous, Messieurs, le 5 juin suivant. Cette Assemblée des notables avait adopté le plan des Assemblées provinciales proposé par Sa Majesté, et qui a été mis à exécution par édit du mois de juin, enregistré au parlement le 22 du même mois. J'ai cru qu'il était prudent et de mon devoir de présenter au ministre, chef des finances, un Mémoire pour obtenir la tenue des Assemblées provinciales dans cette ville, capitale de la province, siége épiscopal, centre du commerce, et représentant le tiers-état de la province.

J'ai eu l'honneur de vous en rendre compte. Mais nous sommes convenus que ce Mémoire avait besoin d'un développement que je n'avais pas donné, n'ayant pas en mon pouvoir les titres de la ville pour faire un exposé déterminé de ses prérogatives sur les autres villes de la province. M. Bonarme, l'un de vous, Messieurs, a mis en usage le zèle et les talents que vous lui connaissez dans un nouveau Mémoire que vous avez adressé à MM. les ministres de Sa Majesté. Vous avez d'abord reçu plusieurs réponses qui donnaient lieu d'espérer le succès de votre demande. Enfin le Roi a rendu une ordonnance le 8 du présent mois, portant règlement pour la tenue de l'Assemblée de cette province, par lequel Sa Majesté ordonne que l'Assemblée provinciale se tiendra à Clermont. J'ai l'honneur de remettre sur le bureau un exemplaire de ce règlement qui m'a été adressé par M. le vicomte de Beaune, président de l'Assemblée, nommé par Sa Majesté, et de vous instruire que M. le président m'ayant chargé de lui rendre compte s'il y avait dans le collège de cette ville une salle et des appartements pour la tenue de l'Assemblée, je me suis transporté au collège avec MM. Monestier et Mossier. Nous avons vérifié qu'il n'y a pas dans la ville de lieu plus commode et plus étendu pour tout ce qui peut être utile à l'Assemblée, que le collége, sans même priver les professeurs et régents d'un logement honnête. D'ailleurs, ce collége appartenant à la ville, ainsi qu'il est reconnu dans le compte-rendu au parlement par M. le président Roland, lors de la retraite des Jésuites, il est juste de préférer ce local à tous autres dont on n'aurait pas également droit de disposer.

Vous êtes instruits, Messieurs, que M. le vicomte de Beaune, président de l'Assemblée provinciale, arrive incessamment pour en faire l'ouverture le 14 du mois prochain. Je vais vous proposer de délibérer sur les honneurs que vous devez lui rendre, et de prendre ses ordres sur ceux à rendre à l'Assemblée. Il est à craindre seulement que l'ouverture de l'Assemblée dans un temps de foire ne mette obstacle à l'empressement de la ville.

Je termine, Messieurs, ce récit en vous faisant part de la lettre de cachet qui m'a été adressée, par laquelle Sa Majesté m'a fait l'honneur de me choisir pour être du nombre des personnes qui doivent composer l'Assemblée provinciale d'Auvergne.

(Extrait du registre n° 15 des délibérat. du Conseil munic. de Clermont.)

N° II.

Procès-verbal de la visite rendue par le corps de ville de Clermont-F^d à l'Assemblée provinciale.

Ce jour, 22 novembre 1787, le corps de ville de Clermont-Ferrand convoqué par M. le Maire pour rendre visite à l'Assemblée provinciale d'Auvergne, est parti de l'Hôtel-de-Ville à 10 heures précises, accompagné des deux secrétaires de la ville, avec le cortége ordinaire des clercs de ville, sergents de quartier et tambours. Rendu au collége où l'Assemblée tient ses séances, et parvenu au haut de l'escalier, le cortége en avant, les tambours battants, M. l'abbé de Pestels, doyen d'Aurillac et comte de Brioude, M. le comte de Mascon, M. Archon d'Espérouze et M. de Benoît de Barante, députés par l'Assemblée, sont venus prendre le corps de ville et l'ont introduit dans la salle. Le cortége a demeuré dans le vestibule, les portes de la salle fermées. Le corps de ville a été reçu par Messieurs qui, à son arrivée, se sont levés devant leurs places. Le corps de ville s'est placé avec les deux secrétaires sur un banc à dossier, rembourré, mis dans l'enceinte de l'Assemblée, près le milieu de la salle, en face de M. le président.

Messieurs de l'Assemblée et du corps de ville assis, M. Reboul, maire, a dit :

« Messieurs,

» Nous avons l'honneur de vous offrir les hommages de cette
» ville et ceux du tiers-état du bas pays d'Auvergne que nous re-
» présentons. Il nous est glorieux d'être les organes de l'un et
» de l'autre pour témoigner à votre auguste Assemblée le respect,
» la vénération, la confiance et la reconnaissance qu'elle inspire.
» Nous désirerions rendre toute l'étendue de ces sentiments à
» chacun de vous, Messieurs, qui vous sacrifiez pour la gloire du
» Roi et le bonheur de ses sujets.

» Nous admirons le choix fait par Sa Majesté pour la formation
» d'un établissement qui présente l'époque la plus mémorable d'un
» règne de bienfaisance. Ce choix, digne de la bonté de notre au-
» guste monarque, a produit l'ensemble de toutes les vertus par la
» sagesse de vos élections.

» Nous nous félicitons de voir cette auguste Assemblée, prési-
» dée par un chef respecté et chéri de cette province, qui se glo-
» rifie d'être le berceau de son illustre famille. Nous voyons en lui
» le conciliateur des intérêts du Roi avec ceux de ses sujets.

» La voix publique applaudit au choix du respectable prélat
» qui est parmi vous, et à celui de MM. les députés du clergé des
» deux diocèses de cette province. Elle y aperçoit l'heureux con-
» cours de la religion et du zèle pour l'intérêt public. Elle dé-
» couvre dans votre illustre noblesse le double sacrifice à la gloire
» du Roi et au bonheur de cette province. Enfin les talents pré-
» cieux de MM. les députés du tiers-état forment un ensemble de
» zèle et de justice qui assure à cette province un ordre d'admi-
» nistration correspondant à la sagesse des vues de Sa Majesté et
» des vôtres pour le soulagement des peuples.

» Soit à jamais glorifié, le Roi bienfaisant qui ouvre à ses sujets
» la voie d'une administration éclairée et exercée par ceux même
» que l'intérêt général et particulier rassemble.

» Votre auguste Assemblée, chargée de cette importante admi-
» nistration, allégera le poids des impôts, rendra les routes utiles,
» protégera le commerce, encouragera les talents ; et la justice,
» distribuée dans tous les cantons de cette province à l'aide de la
» multiplicité des coopérateurs dignement choisis, donnera une
» nouvelle existence, surtout aux malheureux indigents protégés
» de vous tous, Messieurs, animés de l'ardent désir de les secourir.

» Ce nouvel établissement est l'image des anciens Etats de
» cette province, et, plus récemment, des Etats particuliers du bas
» pays d'Auvergne. La postérité de plusieurs des illustres familles
» qui composaient nos anciens Etats existe encore parmi vous.
» Elle nous présente de dignes héritiers de l'héroïsme et du pa-
» triotisme de leurs aïeux.

» Nous croyons, Messieurs, qu'il est de notre devoir de faire
» part à cette auguste Assemblée du dépôt sacré des archives de
» cette ville concernant les Etats de cette province.

» Dans le chaos de ces archives, nous trouvons deux inven-
» taires qui justifient ce que l'Histoire de France nous apprend de
» la tenue des Etats-Généraux.

» Jusqu'au règne de Jean II, roi de France, le clergé et la no-
» blesse étaient les seuls consultés dans les affaires de l'Etat. Le
» roi Jean II, en 1355, y réunit le tiers-état, afin de faire parti-
» ciper les trois ordres du royaume à l'administration. Les trois
» ordres de la province d'Auvergne furent convoqués l'année sui-
» vante 1356. Ils s'assemblèrent le 29 décembre de la même an-
» née dans le couvent des Jacobins de cette ville, et ils s'assem-
» blèrent de nouveau en 1358. C'est ce que nous apprend l'Histoire
» de France (*Daniel*, t. V, in-4º).

» Les inventaires des archives de cette ville font mention des
» titres qui justifient que les trois ordres de cette province, as-

» semblés en Etats en cette ville, ont pris des délibérations en
» 1382, 1385, 1392, 1393, 1394, 1396, 1397, 1445, 1448, 1516,
» 1520, 1551, 1552, 1553, 1568, 1574, 1575 et 1576. Le procès-
» verbal de la coutume de cette province, en 1510, est fait en
» présence des trois ordres qui la composent.

» Il y a sans doute eu, à peu près dans le même temps, une
» division de ces mêmes Etats dans la province, parce que les in-
» ventaires de nos archives font mention des titres concernant
» l'Assemblée des trois ordres du Bas-pays d'Auvergne.

» En effet, ces inventaires nous apprennent que le roi Char-
» les IX a homologué, en 1568, un traité entre les trois Etats du
» Bas-pays d'Auvergne, par lequel il est convenu que, s'il est
» question de nouvelles impositions, les gens du tiers-état ne pour-
» ront les faire sans l'avis et consentement des syndics du clergé
» et de la noblesse, lesquels éliront domicile dans la province, afin
» de pouvoir être avertis lorsqu'il sera question d'impositions ex-
» traordinaires.

» Les trois ordres du Bas-pays d'Auvergne ont été assemblés en
» 1575 en cette ville au sujet du siége de la ville d'Issoire ; et, à
» cette occasion, le clergé du diocèse a donné dix mille livres pour
» les frais de cette guerre.

» Nous trouvons dans les mêmes inventaires la mention d'un
» arrêt du Conseil donné à Blois le 28 novembre 1576, par lequel
» Sa Majesté ordonne que, lorsque l'Assemblée des Etats provin-
» ciaux sera mandée au pays d'Auvergne, elle sera convoquée en
» cette ville comme capitale du pays et non ailleurs.

» Les inventaires de nos archives nous apprennent que dans la
» tenue de l'Assemblée des trois ordres, le tiers-état était repré-
» senté dans le Bas-pays par treize bonnes villes auxquelles le roi
» en ajouta six autres. Un arrêt du Conseil, rendu en l'année 1577,
» entre les syndics de la noblesse et les députés du Bas-pays d'Au-
» vergne, ordonna que lorsque les échevins de la ville de Cler-
» mont assembleront les treize bonnes villes pour des impositions,
» ils seront tenus d'avertir les syndics du clergé et de la noblesse.

» Il a été rendu arrêt du Conseil en 1578, portant règlement
» entre les gens du tiers-état, par lequel il est ordonné que l'As-
» semblée du tiers-état se tiendra en cette ville, que les échevins
» y présideront, recueilleront les voix et concluront sur ce qui
» aura été délibéré.

» En 1580, le Roi écrivit aux échevins de cette ville pour leur
» donner pouvoir de représenter le tiers-état du Bas-pays d'Au-
» vergne, et de convoquer l'Assemblée du tiers-état dans toutes
» occasions pendant la guerre.

» Par une déclaration du Roi de l'année 1588, il est ordonné
» que, sans avoir égard à autres lettres données par inadvertance,
» l'Assemblée, pour la tenue des Etats, se fera en cette ville, ainsi
» qu'il a été de tous les temps accoutumé.

» Enfin, le local de nos archives était le siége de l'Assemblée
» du tiers-état. Les armoires destinées au dépôt de chacune des
» bonnes villes, existent encore. Sans doute que l'inventaire des
» titres de nos archives serait un monument précieux et peut-
» être indicatif de plusieurs autres chartriers. Nous nous estime-
» rions heureux si la durée de notre municipalité pouvait donner
» à ce dépôt un ordre instructif des priviléges de cette province
» et de sa ville capitale; mais l'étroite justice nous oblige de por-
» ter nos soins et notre vigilance sur l'extinction de la dette com-
» mune trop considérable tant en principal qu'en arrérages.

» Dans cette triste position, nous sommes réduits à vous rap-
» porter seulement des titres indicatifs des anciens droits de cette
» province et de cette ville. Nous y réunissons la copie que nous
» nous sommes procurée de l'Assemblée de notre illustre noblesse
» en 1650, pour l'élection de leurs syndics à l'Assemblée des Etats
» qui n'eut pas lieu. C'est dans cette dernière Assemblée que
» nous trouvons inscrit, pour un des syndics de la noblesse, un
» des aïeux du respectable président de cette Assemblée. Sa fa-
» mille a terminé les séances de nos Etats dans le dernier siècle,
» et votre illustre chef les renouvelle dans celui où nous vivons.

» Nous avons cru ce récit digne des hommages que nous ren-
» dons à votre auguste Assemblée. Protecteurs de cette province
» et de cette ville capitale, vous examinerez, dans votre sagesse,
» ce que peut produire le sacré dépôt que nous vous présentons.
» Agréez, Messieurs, qu'en remplissant nos devoirs, au nom de
» cette ville et du tiers-état du Bas-pays de cette province, nous
» profitions de cette heureuse circonstance en réunissant nos vœux
» particuliers à ceux du public en général, pour vous, Messieurs,
» qui allez vous couronner de gloire par vos succès pour le bon-
» heur de cette province. »

M. le vicomte de Beaune, président de l'Assemblée, a répondu :

« Messieurs,

» S'il était possible de consolider le vœu de cette Assemblée
» pour le soulagement de la province d'Auvergne, les sentiments
» que vous venez de nous exprimer en augmenteraient, sans doute,
» les moyens; mais, Messieurs, le titre de patriote d'Auvergne est
» pour nous d'un si grand prix, et l'amour de nos semblables est

» tellement gravé dans nos cœurs, que notre désir continuel est
» d'être bientôt à portée d'en donner des preuves convaincantes.
» D'ailleurs, Messieurs, est-ce que notre ardeur pour le bien pour-
» rait se ralentir, lorsque l'ordre du tiers-état de cette province
» a pour interprète auprès de cette Assemblée, votre chef dont la
» vertu a su attirer notre confiance, et dont le zèle toujours nou-
» veau, avec lequel il se livre à ses importantes fonctions, devient
» une source de lumières pour nous, et un moyen sûr de voir nos
» souhaits accomplis?

» Je désirerais pouvoir particulièrement vous témoigner toute
» la reconnaissance dont me pénètrent vos sentiments pour moi;
» mais le bonheur de l'Auvergne étant la boussole de tous les
» membres de cette Assemblée, et chacun regardant comme indis-
» pensable et glorieux d'imiter aujourd'hui la conduite observée
» par ses ancêtres dans les anciens Etats de cette province; je me
» bornerai, Messieurs, à vous assurer que la place dont Sa Majesté
» a bien voulu m'honorer dans cette Assemblée, m'est d'autant
» plus précieuse qu'elle me fournit l'occasion de partager avec mes
» compatriotes, l'avantage d'être utile à cette province en profi-
» tant tous des lumières dont vos archives sont le dépôt et dont
» vous offrez d'éclairer cette Assemblée. »

Le discours fini, le Corps de ville s'est retiré dans le même ordre qu'il était entré, conduit par les mêmes députés jusqu'à l'escalier. Sorti du collége avec son cortége et les tambours battants, le Corps de ville s'est rendu à l'Hôtel-de-Ville où a été dressé le présent procès-verbal, signé de Messieurs qui ont rendu la visite.

Signé : BELAIGUE, MONESTIER, BONARME, LASTEYRAS, SOLIGNAT.

(Archives municipales.)

N° III.

Mémoire du corps de ville de Clermont-F^d, à M. de Villedeuil, pour réclamer la restitution aux habitants de la ville du droit de se réunir en Assemblées générales pour délibérer sur les affaires communes. — Remis à M. REBOUL, maire, membre de l'Assemblée des notables, le 21 octobre 1788.

Les officiers municipaux de Clermont, représentant le tiers-état de la province d'Auvergne, ont l'honneur d'observer à vous, monseigneur de Villedeuil, ministre et secrétaire d'Etat,

Que, depuis 1771, la ville de Clermont-Ferrand est assujettie à un régime qui la prive, comme toutes les autres villes, du choix de ses officiers municipaux, et qui, de plus, l'empêche de recueillir, lors des Assemblées générales, les opinions de ses concitoyens.

Cette double privation a l'inconvénient de briser, du côté du corps municipal, tous les liens de la communication, et d'affaiblir ceux de cette confiance qui devrait exister, et qu'il lui est presque impossible d'obtenir, parce que ce corps s'est élevé au milieu de tous les autres ordres, sans avoir été formé par leur choix.

L'insuffisance des revenus de la ville et l'immensité de ses dettes aggravent, dans de telles circonstances, l'embarras de ses officiers municipaux. Pleins d'une juste timidité dans l'administration, ils éprouvent la cruelle alternative, ou d'exciter les plaintes des créanciers s'ils ne les satisfont pas, ou d'entendre celles de leurs concitoyens s'ils osent, sans leur consentement, attenter aux fonds patrimoniaux.

Les affaires litigieuses leur présentent encore des difficultés inextricables. Ils craignent également de jeter la ville dans des frais, en entreprenant ces sortes d'affaires, ou de compromettre ses droits en s'abstenant de les poursuivre. S'ils ont hasardé quelque transaction qui leur a semblé nécessaire, l'avantage certain d'une telle résolution ne les a pas garantis du déplaisir de s'y être livrés seuls ou de leur chef.

L'époque de ce régime remonte à l'édit de 1771 pour les municipalités. Quelques-uns ont cru y apercevoir la défense des Assemblées générales, soit dans la création ou charge des conseillers de ville sous le titre d'*assesseurs*, portée dans l'article 2, soit dans l'abrogation exprimée dans l'article 1 de la forme de l'administration introduite par les édits précédents de 1764 et 1765. C'est sur cette loi ainsi interprétée que, pendant dix-sept années, la ville de Clermont a été privée de ses Assemblées. Elles ont été cependant prescrites par arrêt du parlement de l'année 1778. Les officiers du présidial ont même quelquefois jugé à propos de ne pas statuer sur différents procès que le Corps de ville avait à soutenir, et ont ordonné, avant faire droit, le rapport d'une délibération prise dans l'Assemblée générale, sans que, jusqu'à ce jour, personne ait entrepris de provoquer cette Assemblée par une réquisition plus précise.

Cependant plusieurs particuliers s'enhardissant contre la ville, élèvent des prétentions qu'elle ne peut faire condamner. Ainsi les affaires restent en stagnation, les dettes ne s'acquittent pas et beaucoup de citoyens se plaignent.

La ville de Clermont-Ferrand, plus que toute autre, semblait devoir être garantie de ces inconvénients. La faculté si précieuse de s'assembler et de nommer ses représentants, ce privilège qui est accordé aujourd'hui aux plus petites paroisses, la ville de Clermont, qui en est privée, le possédait, il y a plus de quatre siècles. Les lettres du roi Charles V, en date du 17 mai 1379, annoncent les précautions que ce monarque daignait prendre pour que les habitants de Clermont-Ferrand eussent, sans obstacle, le droit *Congregandi se quoties voluerunt nec non procuratores constituendi.*

L'établissement du consulat et d'une maison commune, cette prérogative qui ne fut accordée aux autres villes que pour en déterminer l'organisation, Clermont-Ferrand l'a obtenue de la bonté de ses maîtres pour prix de sa fidélité. Les lettres patentes données par le roi Louis XI, au mois d'août 1480, portent : « Quelques
» partis et obéissances que les seigneurs temporels de ladite ville
» aient tenu et quelques hostilités de guerre qui aient eu cours du
» temps de nos prédécesseurs rois de France, et de nous, ladite
» ville est demeurée sous nosdits prédécesseurs et nous, en la vraie
» et entière obéissance de la maison de France.

C'est sur ce motif qu'après avoir accordé à la ville de Clermont, établissement de consulat et de maison commune, ces lettres ajoutent :

« ..... Avec ce, éliront et pourront élire par chacun an, ou de
» deux ans en deux ans, trois ou quatre consuls, tous habitans
» dudit lieu... Voulons en outre que les suppliants puissent et
» leur loise élire douze conseillers ou tel autre nombre que par
» lesdits consuls et habitans sera avisé ; voulons que lesdits con-
» suls puissent en leurs lois mander leur consulat et Assemblées
» générales par tant de fois que bon leur semblera, par cri public
» et autrement..... »

Lorsqu'en 1556 la reine Catherine de Médicis convertit le consulat de Clermont en échevinage, ces prérogatives furent par elle conservées ; et elles reçurent encore une nouvelle force par lettres de confirmation du roi Henri II.

On ajoutera à de si justes titres cette circonstance que, depuis 1771, l'Auvergne a supporté, pour les offices municipaux, un article d'imposition qui en a sans doute payé la valeur.

Ainsi la ville de Clermont-Ferrand trouve, dans les impositions de la Généralité, dans ses titres propres, et dans la position particulière où elle est, le juste espoir d'un prompt rétablissement dans ses droits.

L'Assemblée prochaine des Etats-Généraux qui semble nécessiter un règlement pour les municipalités, enhardit la ville de Clermont à ajouter ici quelques idées sur l'ancienne forme de ses Assemblées générales.

Avant les édits de 1764 et de 1765, et depuis plus d'un siècle, quatre échevins et un procureur du roi de la ville composaient la municipalité. De plus, trois personnes étaient tirées de chaque principaux corps et formaient, au nombre de vingt-un, ce qu'on appelait alors le Conseil de ville. L'élection des uns et des autres se faisait en une Assemblée générale, composée des députés de chaque corps. Cette Assemblée délibérait aussi sur les plus importantes affaires. Le Conseil et la ville réunis suivant les règlements, ne pouvaient terminer que celles qui n'excéderaient pas mille livres. On observe que, dans ces sortes d'Assemblées générales, le clergé ni la noblesse n'avaient aucun député; que les marchands en avaient à eux seuls vingt-quatre, tandis que les différents corps de magistrature n'en fournissaient que chacun cinq. Les arts et métiers et les cultivateurs en nommaient huit, ce qui présentait deux inconvénients assez graves :

1°. On faisait délibérer sur des affaires très-délicates des artisans qui n'y entendaient rien et dont il était facile de surprendre les opinions.

2°. La différence énorme dans le nombre des députés de certains corps donnait une prépondérance injuste.

Les édits de 1764 et de 1765 réformèrent ces inconvénients, mais en introduisirent d'autres. Les Assemblées générales furent composées d'un député pour la noblesse et d'un pour le clergé. Chaque corps, soit ecclésiastique, soit laïque, chaque tribunal, en envoyait un aussi. C'est là que se formait par Elections, le corps municipal et celui des notables. Ce dernier, composé de seize députés des principaux corps, se réunissait avec les officiers municipaux et choisissait dans son sein, par Election, un conseil de six.

Tout ce qui ne tenait qu'à une administration provisoire était réglé par ce conseil et par les échevins. Toute affaire exigeant une autorité absolue était décidée sans recours en l'Assemblée des notables. C'est ainsi que l'abus des députations trop nombreuses se trouva réformé; c'est ainsi que le suffrage des plus petits citoyens fut considéré pour les Elections, tandis que l'administration des affaires était uniquement confiée aux plus sages.

Mais cette organisation ne fut pas sans quelques inconvénients. Les édits autorisaient le lieutenant-général à présider, comme magistrat, toute espèce d'Assemblées, soit du conseil de ville, soit des notables, soit même de tous les ordres réunis; le procureur du Roi y intervenait encore. Leur présence, quoique ne paraissant d'aucun effet, puisque leurs voix n'étaient pas recueillies, ne laissait pas d'enlever aux charges municipales toute leur dignité. La raison en est que le premier échevin, qui, depuis plusieurs siècles, avait été le premier dans chaque Assemblée de ville, se trouvait placé au-dessous du magistrat sur qui il avait eu la présidence depuis si longtemps ; et, lors même qu'il était dans toute l'énergie de ses fonctions, le magistrat, qui semblait n'être pas dans les siennes, lui enlevait cependant à la fois le droit de préséance et celui de recueillir les opinions. Cet inconvénient qui affectait la municipalité, qui attaquait même toutes les prérogatives accordées à Clermont-Ferrand, blessait plus profondément encore cette ville, en ce qu'elle est la première et la capitale de l'Auvergne, et que, la présidence lui étant acquise certainement sur le tiers-état de cette province, il était peu conséquent qu'elle n'eût pas le droit de se présider elle-même.

Tels sont les inconvénients que laissaient apercevoir chacune de ces formes d'Assemblées.

Les officiers municipaux de Clermont-Ferrand, qui ne veulent se permettre ici aucune autre réflexion, vont attendre avec les plus vifs désirs, la loi qui, en leur permettant de se dépouiller de leur charge, rendra à cette ville le choix libre de ses représentants. Ils attendront aussi avec respect le règlement qui déterminera la forme de leurs Assemblées.

De plus, ils vous demandent, Monseigneur, de vouloir bien obtenir de Sa Majesté, en faveur de la ville de Clermont-Ferrand, des lettres patentes confirmatives du droit de franchise pour la taille ; et, quoique le privilége qui fut accordé par des lettres du roi Charles IX au mois de juin 1566, ait aujourd'hui son exécution, quoique, de toutes les prérogatives de la ville, ce soit celle qui ait le plus de monuments respectables, son importance néanmoins est telle que, comme elle a été à différentes époques l'objet non-seulement de la bonté mais de l'attention prévenante des monarques, les officiers municipaux croient aujourd'hui devoir l'appuyer sur des fondements plus sacrés ; s'il se peut. La bienveillance du roi Charles IX ne se contenta pas des lettres patentes de 1566. Il adressa trois fois des lettres de jussion à la chambre des comptes et au général des finances, jusqu'à ce que la ville de Clermont eût été enfin rayée du gouvernement des tailles. Le roi Henri III confirma ce privilége une première fois en 1575, et une seconde par des lettres patentes du 20 mai 1577. Et comme, en 1584, les lettres de commission pour les tailles portaient d'imposer les exempts et non exempts, ce même roi, le 18 mai 1584, sur les plaintes de la ville, après que le procureur du tiers-état eût été ouï et entendu, ordonna *que sans avoir égard à l'opposition faite et déduite par le procureur du tiers et commun état du Bas-pays d'Auvergne, les habitants jouiraient de leurs exemptions des tailles, crues, etc.* —

La ville de Clermont, depuis cette époque, n'a cessé d'être comprise au rang des villes franches, non pas qu'elle ait joui des priviléges de cet affranchissement avec la même étendue que la ville de Paris ; elle est encore assujettie à la capitation par abonnement. Mais le titre de ville franche et abonnée, ce titre qui par l'édit du mois de janvier 1684 lui fut conservé comme payant la subvention, elle en jouit actuellement et acquitte encore la subvention chaque année.

La position de la ville de Clermont-Ferrand est telle que, sans ce privilége, il lui est désormais impossible de soutenir l'immensité de ses dépenses. Les charges publiques qu'elle est obligée de supporter, les édifices qu'elle a fait construire, et, ce qui est plus aggravant que tout cela, les droits d'entrée dont il entre la moitié dans le Trésor royal, les sommes réparties chaque année entre les citoyens, tout cela laisserait la ville de Clermont sans espérance, si son privilége d'affranchissement n'était pas mis à l'abri de toute atteinte par les lettres de confirmation qu'elle sollicite et qu'elle espère obtenir de la bonté du monarque.

(Extrait du registre des délibérations, n° 15. — Archives municipales).

N° IV.

Lettre de M. l'intendant d'Auvergne, à M. le contrôleur général des finances.

« Clermont, le 4 septembre 1787.

» Monsieur,

» Comme il est de mon devoir de vous rendre compte de tout
» ce qui peut arriver d'intéressant dans la province dont le Roi
» m'a confié l'administration, j'ai l'honneur de vous envoyer un
» ouvrage qui se vend à Clermont et qui a pour titre : *Essai sur*
» *la nature et la répartition de l'impôt en Auvergne.* Quoiqu'il soit
» sans nom d'auteur, je suis cependant instruit qu'il est du sieur
» Mabru fils, trésorier de France à Riom.

» Je suis, etc. »

Autre lettre du même au même.

« Clermont, le 12 octobre 1787.

» Monsieur,

» J'ai l'honneur de vous envoyer un exemplaire d'un ouvrage

» qui se vend à Clermont, et qui a pour titre : *Réfutation de l'o-*
» *pinion d'un anonyme sur l'imposition actuelle des vingtièmes en*
» *Auvergne.* Cette brochure est une critique de l'ouvrage que j'ai
» eu l'honneur de vous adresser le 4 du mois dernier.
 » Je suis, etc. »

Le 19 octobre suivant, le contrôleur général transmit à l'intendant un accusé de réception sans aucune réflexion sur l'ouvrage.

(Archives départementales. — Fonds de la Commission intermédiaire).

N° V.

Lettre de l'intendant d'Auvergne, à M. le contrôleur général des finances, au sujet de la délibération de l'Assemblée provinciale sur les vingtièmes.

« Du 27 novembre 1787.

» Monsieur,

» J'ai eu l'honneur de vous informer le 24 de ce mois, que l'As-
» semblée provinciale avait délibéré de demander l'abonnement
» des vingtièmes au taux actuel. Cette délibération me fut adres-
» sée le même jour, demi-heure après le départ du courrier. Je
» suis au reste instruit que le président vous en a envoyé une
» expédition. Je garde celle qui m'a été remise, et j'ai l'honneur
» de vous en envoyer une copie.
» Les motifs du refus d'une augmentation sont : 1°. l'incom-
» pétence, dit-on, de l'Assemblée pour proposer une augmenta-
» tion d'impôts sur ses compatriotes dont elle n'est ni les repré-
» sentants, ni les mandataires ; 2°. la surcharge de la province
» tant en tailles qu'en vingtièmes. Le Conseil pèsera dans sa sa-
» gesse l'importance du premier de ces motifs. Je ne puis, quant
» au second, me dispenser de répéter ce que j'ai dit et écrit bien des
» fois : que la province payait infiniment plus que les autres, en
» proportion de ses facultés, en ajoutant même à l'imposition de ces
» provinces les droits d'aides et gabelles dont celle-ci est exempte.
» J'ai remarqué, Monsieur, dans le rapport qui est à la tête de
» la délibération, deux assertions qu'il me paraît intéressant de
» relever. L'une, que les instructions données par le Conseil pour
» les vérifications n'ont point été suivies ; l'autre, que ces vérifi-
» cations sont si erronées, que l'on est obligé de passer en non va-
» leurs, tous les ans, le montant des augmentations qu'elles ont
» produit.

» Les procès-verbaux de vérification d'après lesquels j'ai rendu
» les rôles exécutoires et dont je viens encore de me faire repré-
» senter plusieurs expéditions, sont signés par les syndics, consuls
» et notables habitants. Ils constatent que les opérations sur la
» contenue des terres, leur classement et le produit de chaque
» classement ont été faites en leur présence et de leur consente-
» ment: Le bureau de l'impôt peut dire, pour excuser son asser-
» tion, qu'on ne leur a pas remis ces procès-verbaux. Je ne le
» pouvais pas. Vous voudrez bien vous rappeler, Monsieur, que
» dans les dernières instructions sur les fonctions des Assemblées,
» il est dit que je ne leur ferai remettre les renseignements et les
» bases des opérations qu'après l'acceptation par le Roi de l'abon-
» nement qui serait proposé.

» Les erreurs et doubles emplois inévitables dans des opérations
» de cette nature n'ont produit sur les augmentations qu'un dé-
» ficit de 2,435 livres, qui fut corrigé dès qu'on s'en aperçut. Il
» n'est pas vrai que l'on passe en non valeurs, tous les ans, le
» produit des augmentations opérées par les vérifications. Les dé-
» charges qui s'accordent aujourd'hui et que l'Assemblée évalue à
» soixante mille livres, ont pour objet les dédommagements dus
» à ceux qui éprouvent des accidents sur leurs récoltes, qui doi-
» vent des rentes aux ecclésiastiques, hôpitaux et communautés
» religieuses, qui paient le droit de franc fief, qui ont été forcés
» d'arracher leurs vignes, ceux, en un mot, dont les revenus su-
» jets aux vingtièmes se trouvent diminués de valeur. L'assertion
» du bureau à cet égard paraît d'autant plus étonnante, que le
» directeur des vingtièmes m'a dit avoir prévenu ces Messieurs,
» que les augmentations procurées par les vérifications ne don-
» naient lieu à aucune non valeur.

» Vous penserez, sans doute, Monsieur, qu'il serait malhon-
» nête que deux assertions fausses qui ont pour objet de critiquer
» le régime actuel et de jeter du louche sur son exactitude, fus-
» sent imprimées dans le procès-verbal des séances. La brièveté
» du temps qui ne me permettra pas de recevoir votre réponse
» avant la clôture, ne me laisse entrevoir qu'un moyen d'empê-
» cher les préventions que le public pourrait prendre d'après ces
» assertions, c'est de ne permettre l'impression que de la conclu-
» clusion de la délibération.

» Je vous supplie, Monsieur, de me faire connaître les inten-
» tions du Roi à cet égard. »

(Archives départementales. — Fonds de la Commission intermédiaire. Liasse *Correspondance*).

N° VI.

Extrait du procès verbal de l'Assemblée de département, tenue à Issoire, le 17 octobre 1788, dans la salle abbatiale des religieux Bénédictins.

Rapport du bureau de bien public.

« . . . .
» Pour vous rendre, Messieurs, plus sensible le tableau que je
» viens de vous faire des inconvénients des douanes, je vais vous
» mettre sous les yeux le détail des différents droits qui se per-
» çoivent depuis le premier port de notre province jusqu'à Paris
» sur chaque espèce de marchandises et denrées.
» On commence à payer au Pont-du-Château par chaque ba-
» teau, pour droit de barrage, trente sols... 1ᵗ 10 sous. De Pont-
» du-Château à Vichy, il n'y a rien à payer. Mais à Vichy, tout
» est mis à contribution, les fruits, les planches, le papier, la
» quincaillerie, le charbon et le vin.
» Le charbon paye un écu par chaque bateau, le vin y est énor-
» mément chargé. Sur huit bateaux portant 494 poinçons, il
» se perçoit d'abord pour la subvention deux mille huit cent qua-
» tre-vingt-douze livres cinq sols trois deniers, ci 2,892, 5, 3;
» plus pour le courtier jaugeur, 204, 16, 3; plus pour jauge et
» courtage, ce qui fait double emploi avec le précédent, 497 livres
» 2 sols 6 deniers; total, 3,594 livres 4 deniers.
» De Vichy on arrive à Chazeville, où l'on paye au seigneur du
» lieu un droit de péage de 4 sols par bateau.
» De Chazeville à Moulins où l'on perçoit 40 sols par bateau si
» le chargement a été fait au-dessus de Vichy; s'il a été fait au-
» dessous, on exige en sus un autre droit de jauge et courtage qui
» va à 25 ou 26 sols par chaque poinçon.
» De Moulins on arrive à la Charité où l'on perçoit pour le
» compte de plusieurs seigneurs différents droits; et si c'est un
» chargement de vin, indépendamment de ce droit, un receveur
» de la ferme exige encore un octroi qui va à 3 sols par pièce
» de vin.
» L'on part de la Charité pour arriver à Cosne où le receveur
» des octrois, plein de confiance en la perception de son confrère
» de la Charité, met complaisamment son vu au dos de l'acquit et
» exige pour cet acte de bonté la somme qui lui plaît; et pour en
» éviter la restitution, il a soin de n'en jamais fournir quittance.

» De Cosne on va librement jusqu'à Briare où l'on paye pour se
» conduire par le canal jusqu'à Montargis 30 sols par chaque pièce
» de vin.

» Arrivé à Montargis, il en coûte encore 30 ou 35 sols par
» pièce de vin pour aller jusqu'à Saint-Mamelle où finit le ca-
» nal; et à Nemours, qui se trouve entre Montargis et Saint-
» Mamelle, il faut payer 4 livres par bateau lorsqu'ils sont char-
» gés de vin.

» De Saint-Mamelle on va à Melun où l'on paie d'abord un
» droit d'octroi qui se monte à 34 ou 35 livres par chaque cent
» pièces de vin.

» L'on paie ensuite une augmentation de jauge et courtage, sous
» prétexte qu'à Vichy on n'a pas vu d'assez près cette sorte
» d'exaction. Il faut cependant en passer par là, et cet excédant
» de droit est perçu à l'arbitraire.

» Indépendamment de ces deux droits, il en existe deux autres,
» savoir : pour le passage des bateaux sous le pont, pour lequel il
» se perçoit 9 livres par bateau, et l'autre montant à 4 livres par
» muids de vin, composé de vingt pots d'Auvergne, se perçoit pour
» subvention, à raison de ce que l'on prétend encore, par double
» emploi, que les douaniers de Vichy ont été trop doux. Il faut
» observer que si le vin est destiné pour le dehors de Paris, on est
» obligé d'indiquer à Melun le lieu de la destination du vin, et
» pour cette déclaration il faut 11 à 12 francs pour chaque ton-
» neau.

» De Melun, on arrive à Corbeil où il faut payer, pour pré-
» tendu droit de péage, une somme de 17 à 18 livres par chaque
» cent pièces de vin.

» Enfin, on arrive à Paris où, indépendamment des droits d'octroi,
» le conducteur est obligé de payer pour la placce qu'il occupe sur
» le port une somme de 9 à 10 livres pour chaque bateau.

» . . . . »

En récapitulant tous ces droits, le rapporteur arrive à montrer
qu'une pièce de vin de vingt pots, qui coûte sur place 30 livres,
fût compris, revient à son arrivée à Paris à 124 livres 15 sols.

(Archives départementales. — Fonds de la Commission intermédiaire).

N° VII.

Tableau des modifications faites dans le texte du procès verbal de l'Assemblée provinciale.

TEXTE.	CHANGEMENTS.

Page 14. — *Séance du 10 novembre.*

Ensuite M. le président a fait lecture d'instructions adressées par M. le contrôleur général à M. de Chazerat, intendant de la province d'Auvergne, avec autorisation d'en remettre de confiance une copie à M. le vicomte de Beaune, pour en donner connaissance à l'Assemblée provinciale. Lecture faite de ces instructions, il a été dit que M. l'intendant devait, comme commissaire du Roi, faire l'ouverture de cette Assemblée et lui remettre une expédition en forme qui serait déposée aux archives de cette Assemblée. La prochaine, etc.	Ensuite M. le président a prévenu l'Assemblée que M. le commissaire du Roi venait de recevoir les instructions de Sa Majesté sur les divers objets dont l'Assemblée devait s'occuper, pour en faire la matière de ses délibérations; qu'il lui avait fait part de l'article de ces instructions relatif au cérémonial à observer vis-à-vis du commissaire du Roi; qu'en conséquence il était convenable de faire les dispositions nécessaires pour sa réception. La prochaine, etc.

Page 17. — *Séance du 12 novembre.*

Discours de M. le Commissaire du Roi.

Elle m'a chargé de vous remettre encore un cahier d'instructions, dont M. votre président, à qui le Roi m'avait autorisé de les communiquer, vous a sans doute rendu compte. La quatrième partie de cette instruction a vraisemblablement, Messieurs, fixé votre attention, etc.	..... dont il vous sera fait lecture et que je dépose, à cet effet, sur le bureau. La quatrième partie de cette instruction fixera, Messieurs, votre attention, etc.

| TEXTE. | CHANGEMENTS. |

Page 20. — *Séance du 12 novembre.*

Discours de M. le Président.

La lecture que j'ai faite à cette Assemblée, samedi dernier, des instructions que vous m'aviez fait l'honneur de me communiquer, n'a fait qu'accroître, etc.	La lecture qui a été faite à cette Assemblée des instructions du Roi sur les divers objets de ses délibérations, n'a fait qu'accroître, etc.

Page 165. — *Séance du 14 novembre.*

L'Assemblée ayant de plus pensé que nul règlement ne l'empêchait de fixer son régime intérieur.	L'Assemblée ayant pensé que rien ne l'empêchait de proposer à Sa Majesté ce qu'elle estimait plus convenable pour son régime intérieur.

Page 170. — *Séance du 21 novembre.*

On ne pouvait s'autoriser de l'exemple du Berry et de la Haute-Guienne pour demander l'abonnement, *l'Auvergne étant reconnue pour la province du royaume la plus chargée.*	..... l'Auvergne étant la province du royaume la plus chargée.

Page 172. — *Même séance.*

L'on a répondu à cet article par l'exemple de ce qui s'est passé jusqu'à présent; qu'au mépris de l'instruction du Conseil, l'arbitraire a été la seule règle des vérifications exécutées dans cette province.	..... que malgré les sages précautions prescrites par l'instruction du Conseil, les vérifications n'avaient point été exécutées dans cette province avec ce caractère d'exactitude et d'égalité proportionnelle que S. M. avait voulu faire observer entre tous les propriétaires.

| TEXTE. | CHANGEMENTS. |

Page 181. — *Séance du 23 novembre.*

| Ces instructions portent en substance... que le directeur des vingtièmes remettra à l'Assemblée les renseignements qui lui auront servi de base, seulement après que l'abonnement aura été accordé par le Roi ; enfin que les propositions doivent être envoyées assez tôt pour que S. M. puisse répondre avant la séparation. | ..... les renseignements qui auront servi de base à la quotité de l'imposition. |

Page 253. — *Même séance.*

| Aussi le bureau a-t-il vu avec autant de douleur que de surprise l'état des accessoires de 1779 se monter à la somme de 1,379,606 et celui pour 1788 à 1,392,424 ; ce qui fait une augmentation de 12,818 livres, indépendamment des sommes ci-dessus énoncées, qui auraient dû finir aux époques indiquées, malgré que la déclaration du 13 février 1780, en ordonnant la réunion des accessoires en une seule ligne, ait proscrit la malheureuse facilité de les augmenter sans forme légale. Par un effet contraire aux vues bienfaisantes du Roi, cette loi a tourné au détriment du peuple ; les deux lignes de la taille forment donc une base reconnue de plus de 9 sous pour livre du revenu, etc. | Si vous comparez, Messieurs, l'état des accessoires de 1779, qui montent à la somme de 1,379,606 livres avec les accessoires de 1788, qui s'élèvent à 1,392,424 livres, vous remarquerez qu'il existe une augmentation de 12,818 livres, quoique la déclaration du 13 février 1780, en ordonnant la réunion des accessoires en une seule ligne ait proscrit la malheureuse facilité de les augmenter sans une loi enregistrée dans les cours. Mais vous devez croire que cette augmentation de 12,818 livres a eu lieu légalement, et vous serez à portée de vous en convaincre en examinant les brevets généraux expédiés depuis 1780. On ne se fût point écarté d'une loi si récente et si solennelle.
Mais au moyen de toutes ces additions successives, il est tou- |

TEXTE.	CHANGEMENTS.
	jours constant que les deux lignes de la taille forment une base reconnue, etc.

Page 253. — Séance du 23 novembre.

Le bureau assure en frémissant que plusieurs collectes….	Le bureau a reconnu avec douleur que plusieurs collectes….

Page 254. — Même séance.

Depuis cette époque, les tailles ont reçu en Auvergne un accroissement *incroyable*. Il est notoire non-seulement à la province d'Auvergne, mais à tout le royaume, *au Conseil même,* que cette Généralité est chargée à un point que nulle autre ne l'égale.	….. excessif. ….. à l'administration même.

Page 255. — Même séance.

Il est de la sagesse et de la bienfaisance du Roi de mettre un frein à ces marchés onéreux et en général à tout nouveau privilége qui est une double charge pour le peuple et qui dans un siècle finirait *par anoblir tout le royaume. Si ce malheur arrivait, il n'existerait plus d'Etat, puisqu'il serait privé de ce qui en fait le soutien.* On peut même, etc.	….. finirait par anoblir tous les contribuables les plus en état de supporter les charges des contributions. On peut même, etc.

Page 259. — Même séance.

La seule réflexion qu'il se permette, c'est de vous faire remarquer que cet impôt établi en 1695 a cessé en 1698, a été rétabli en 1702 pour finir à la paix.	….. avait été rétabli en 1701 pour finir à la paix ; mais il a été

TEXTE.	CHANGEMENTS.
Cependant il dure encore et a été considérablement augmenté. Il y a des réclamations universelles contre l'inégalité de sa répartition.	prorogé indéfiniment par l'édit de 1715. L'inégalité de sa répartition donne lieu à une foule de réclamations.

Page 275. — *Séance du 25 novembre.*

Au lieu que dans l'état actuel il est obligé de disperser dans l'Election *cette troupe hideuse de malheureux appelés garnisaires qui, ayant perdu l'habitude du travail et par conséquent plongés dans la misère, semblent altérés du sang de leurs semblables.* On donnera, etc.	..... cette troupe de garnisaires qui, ayant perdu l'habitude du travail et par conséquent plongés dans la misère, ne trouvent leur subsistance que dans la multiplicité des actes de rigueur qu'ils imaginent. On donnera, etc.

Page 286. — *Séance du 3 décembre.*

Cette disposition n'est que trop bien remplie par l'établissement d'un poste à Combronde qui joint à toutes les injustices des autres douanes celle d'avoir été placée, *par une utile inadvertance,* sur le territoire même de l'Auvergne, à plus d'une lieue des bornes de la ferme.	(Rayer ces quatre mots.)

Page 293. — *Même séance.*

Il faut donc aussi ou risquer ces avaries ou payer le droit sur l'eau dont ils sont imprégnés. Nous ajouterons que cet impôt aussi *immoral* qu'onéreux est une source éternelle de fraudes et d'injustices.	..... destructeur...

| TEXTE. | CHANGEMENTS. |

Page 597. — *Séance du 11 décembre.*

Sans doute une meilleure répartition soulagerait les contribuables *illégalement* taxés. ..... inégalement...

(Archives départementales. — Fonds de la Commission intermédiaire).

N° VIII.

M. Reboul, maire, et l'un des membres de l'Assemblée des notables, ayant mandé à la ville que la ville de Riom avait donné un Mémoire à Mgr le garde des sceaux, par lequel cette ville réclamait la présidence des Etats, fondée sur ce que : 1°. Clermont, d'après une charte de 1345, avait été du ressort du bailli d'Auvergne, séant à Riom; 2°. que le droit de présidence lui avait été accordé par la transaction de 1556 passée avec les habitants de la ville de Clermont, de l'agrément de la reine Catherine de Médicis; et 3°. qu'il avait été fait défense aux habitants de Clermont de prendre la qualité de président du tiers-état, par deux arrêts du Conseil des années 1646 et 1647. Le Conseil de ville de Clermont s'est assemblé le mardi 25 novembre 1788 et a arrêté verbalement de répondre à ce Mémoire par celui qui suit, lequel a été envoyé le jeudi 27 avec expédition de trois arrêts du Conseil des années 1626, 1646 et 1647, qui ont été pris dans le sac des pièces justificatives du compte de l'année 1647 où ils ont été remis.

Suit le Mémoire :

Observations sur le lieu de la tenue des Etats particuliers de la province d'Auvergne lorsqu'ils ont été assemblés, la préséance des officiers municipaux et des députés de la ville de Clermont, et les séances des sénéchaux du Bas-pays dans les Assemblées.

La ville de Clermont fut dans tous les temps le lieu ordinaire des Assemblées du pays. C'est une prérogative due à son titre de ville capitale et épiscopale, à son site, à la convenance. Il n'est aucune autre ville dans la province qui pût devenir un point de ralliement aussi commode. Ne soyons donc pas étonnés si, avec de pareils avantages, son droit, plus d'une fois attaqué par ses voisins, a toujours été consacré.

Il est remarquable que dans un règlement dressé par la ville de Riom elle-même qui en sollicita l'homologation par lettres patentes de Henri II, du mois de janvier 1556, sur les prérogatives des deux villes de Clermont et de Riom, cette dernière ville ne balança pas à consigner dans le premier article « que la ville et
» cité de Clermont serait dite, nommée et intitulée *chef et capi-*
» *tale du pays d'Auvergne*, et jouirait à ce titre des priviléges,
» prééminences et autorité qui sont dues et appartiennent ez au-
» tres villes capitales de ce royaume, soit pour l'Assemblée et
» convocation des treize bonnes villes du pays, représentant le
» tiers et commun Etat, et Assemblées des Etats, et autres As-
» semblées générales et particulières qui seraient faites à la ré-
» quisition et pour les affaires dudit pays d'Auvergne, soit par
» commission du Roi, mandement ou jussion, concernant, en
» quelque manière que ce soit, les affaires communes et publiques
» dudit pays. »

Dans le second article il fut dit : « Que ez Assemblées desdites
» villes, les échevins et *délégués* dudit Clermont proposeront, con-
» cluront et précéderont les consuls et délégués de la ville de
» Riom, en quelque part et lieu et pour quelque commission que
» ce soit que lesdites Assemblées soient faites pour les affaires
» dudit pays; et que, ez Assemblées des Etats, ils proposeront ce
» qui concernera le tiers et précéderont comme dessus. »

Les expressions de ce titre ne sont pas équivoques ; ce n'est pourtant pas sur une pareille pièce que la ville de Clermont fonde sa prééminence. Ses députés qui y avaient concouru sans mission, et qui, en conservant les priviléges de la capitale sur ce point, les avaient sacrifiés sur beaucoup d'autres, furent désavoués dans le temps. Mais si elle ne doit pas invoquer comme titre sur un point une pièce qu'elle repousse sur d'autres, elle n'est pas moins en droit de l'appeler en témoignage sur l'ancienneté de sa possession de la double prérogative que l'on semble vouloir lui disputer aujourd'hui d'être le lieu marqué pour les Assemblées des Etats de la province.

Et par combien d'autres règlements n'a-t-il pas été consacré, ce double privilége?

1°. Un arrêt du Conseil, du 28 novembre 1576, pendant la tenue des Etats de Blois, ordonne positivement que, *quand il sera mandé de convoquer les Etats du pays d'Auvergne*, cette Assemblée se fera en la ville de Clermont, capitale dudit pays.

2°. Des lettres patentes du 26 juillet 1588 réforment l'erreur qui s'était glissée dans les lettres de convocation adressées au sénéchal de Riom pour la députation aux seconds Etats de Blois, ordonnant l'exécution du règlement de 1576, ordonnant, en conséquence, que l'Assemblée du pays, *mandée être faite à Riom*, sera faite en notre ville de Clermont, ainsi qu'il a été ci-devant accoutumé, déclarant *nul et illégitimement fait tout ce qui serait fait au contraire.*

3º. Un dernier règlement, du 29 décembre de la même année 1588, ordonna de même que les Assemblées des Etats *seraient perpétuellement faites, selon l'ancienne coutume, en ladite ville de Clermont, comme principale et capitale du pays.*

4º. Les lettres de convocation des Etats de 1614 portent expressément que l'Assemblée se ferait de même en la ville de Clermont, capitale du pays d'Auvergne.

5º. Le même règlement du 29 décembre 1588, que l'on vient de citer pour la détermination du lieu des Assemblées des Etats de la province, consacra aussi la préséance des officiers municipaux et députés de la ville de Clermont *à laquelle*, y est-il dit, *et aux échevins d'icelle, appartiendra la préséance desdites Assemblées du tiers-état, récollection des voix et conclusion de ce qui aura été arrêté par la pluralité d'icelui.*

La possession a consacré et toujours affermi cette prééminence dans toutes les Assemblées des Etats qui ont eu lieu depuis. Les procès-verbaux en font foi. Ce n'est pas sans étonnement que l'on entend dire, après cela, que la ville de Clermont a été déchue de cette honorable distinction par des arrêts du Conseil de 1626 et de 1647. Un coup d'œil sur les arrêts qui furent imprimés dans le temps, détruira bien vite cette insinuation erronée, et justifiera que, dans les arrêts dont il s'agit, la préséance de la ville de Clermont dans les Assemblées du tiers-état de la province, n'était seulement pas en question.

Mais, si la présidence dans l'Assemblée du tiers-état ne peut pas être raisonnablement contestée à la ville de Clermont, on se prétend en droit de la donner au moins au Sénéchal de Riom dans l'Assemblée générale des trois ordres, sur celui de Clermont, et l'on paraît se fonder : 1º. sur l'ancienneté du siége de Riom ; 2º. sur la supposition que son ressort primitif ne reconnaissait d'autres bornes que celles de la province, et comprenait nommément la ville de Clermont, d'après une charte de l'année 1345 ; 3º. sur le traité de règlement de 1556 qui porte « que pour con-
» server l'amitié et confédération principalement entre les officiers
» des deux villes, et leur donner occasion de fraterniser les uns avec
» les autres, a été accordé que : où les officiers de Clermont vou-

» draient venir et seoir, au siége présidial d'Auvergne, ils auront
» place et lieu honorable à savoir, le sénéchal à la place la plus
» honorable après celui qui présidera audit Riom............ et
» aussi auront semblable place lesdits officiers de Riom, quand ils
» iront au siége de Clermont, fors et excepté toutefois où lesdits
» officiers de Riom et de Clermont se trouveront aux Assemblées
» Générales et Etats dudit pays et autres actes esquels ils assiste-
» ront comme officiers du roi, auxquels cas les officiers de Riom
» précèderont les officiers dudit Clermont, soit que lesdits Etats
» soient tenus à Clermont ou ailleurs. »

Ce qui semble imposant dans cet aperçu de titres disparait bien vite, quand on les soumet à l'analyse.

D'abord, ne comptons pour rien le règlement de 1556, passé, dit-on, entre les deux villes. D'un côté, cet accord prétendu fut désavoué, aussitôt que connu, dans les Assemblées de la ville de Clermont de l'année ....; et les lettres patentes qui l'accompagnèrent n'ont jamais reçu en conséquence la sanction de l'enregistrement.

D'un autre côté, quelle qualité avaient donc les villes de Clermont et de Riom pour régler par un traité les prérogatives de leurs sénéchaux sans leur concours ni leur participation ?

Aussi cet accord qui n'était rien moins qu'un accord, n'a-t-il jamais eu d'exécution sur aucun des chefs qui blessaient les droits de la capitale et ceux de sa sénéchaussée, particulièrement sur la préséance aux Etats dont il s'agit ici, témoin l'arrêt de règlement rendu entre les officiers des deux sénéchaussées, le 23 août 1614. Loin d'accorder au sénéchal ou aux officiers de la sénéchaussée de Riom, la préséance sur le sénéchal et les officiers de la sénéchaussée de Clermont, dans le propre territoire de celui-ci, à l'Assemblée des trois ordres qu'ils avaient été chargés l'un et l'autre de convoquer à Clermont pour la députation aux Etats généraux de Paris, cet arrêt établit entre ces officiers du Roi, égaux par leur rang et chargés d'une mission égale, une parfaite concurrence, sans donner de prééminence à aucun.....

Il fut rendu à grande connaissance de cause sur le vu des indues pièces que l'on invoque aujourd'hui en faveur du siége de Riom. Leur impuissance est donc contradictoirement jugée.

Le règlement de 1614 n'était à la vérité que provisoire, les deux siéges avaient été renvoyés au parlement pour un règlement définitif. Mais le parlement en prononçant en 1626, sur les qualités des deux sénéchaussées, garda un silence absolu sur les prétentions de préséance. C'était les juger contre le siége de Riom qui n'avait pas le dernier état. Aussi la même concurrence et la même égalité fraternelle qui avaient eu lieu en 1614, furent-elles observées en 1651 pour la tenue des Assemblées des trois ordres de la province convoqués pour nommer des députés aux Etats généraux indiqués à Tours.

Ces observations dispensent de discuter sérieusement la prétention du siége de Riom, de tirer son origine des anciens baillis des exempts établis en Auvergne dès le xiiie siècle. D'un côté, ils n'y tinrent que des assises ambulatoires; d'un autre côté, le siége de Riom étant réduit aujourd'hui au simple titre de sénéchaussée *ordinaire*, la mission que reçurent les anciens baillifs au déclin du régime féodal, n'est plus la sienne. Les prérogatives de cette sénéchaussée doivent se mesurer sur son état actuel et non sur ce que peuvent avoir été, il y a trois siècles, d'anciens baillifs qui ne sont plus, et qui n'ont jamais eu sur la comté de Clermont, toujours indépendante du duché, une juridiction ordinaire (1).

Dans l'état actuel, la sénéchaussée de Riom n'a ni juridiction ni ressort sur Clermont. C'est assez pour que ses officiers ne puissent y avoir aucune prééminence.

(Registre des délibérations de la municipalité de Clermont, vol. 15.)

N° IX.

Lettre de M. de Beaune à MM. de la Commission intermédiaire d'Auvergne. — Envoi d'un Mémoire sur les Etats provinciaux.

« Paris, le 11 octobre 1788.

» Messieurs,

» L'Assemblée provinciale d'Auvergne m'ayant chargé, dans ses séances des 20 août et 13 novembre de l'année dernière, de représenter au Roi le droit qu'a eu pendant très-longtemps cette province, de s'assembler en Etats, je me suis acquitté de cette mission avec le zèle que m'inspireront toujours les intérêts de l'Auvergne; et même dans la circonstance actuelle où la Provence, le Dauphiné, la Franche-Comté et le Hainault, viennent d'obtenir le rétablissement de leurs Etats provinciaux, j'ai renouvelé mes instances pour l'Auvergne, et j'ai adressé à M. le directeur général des finances, le Mémoire dont j'ai l'honneur de vous adresser ci-

---

(1) Voyez dans les *Recherches sur les Etats-Généraux*, par Verdier-Latour: Pièces justificatives, n° XLIII, page 41.

joint la copie. Je vous prie, Messieurs, de vouloir bien l'examiner et me faire part des observations dont il vous paraîtrait susceptible.

» J'aurai l'honneur de vous observer qu'il est d'autant plus instant que vous m'adressiez vos réflexions sur ce Mémoire au plus tôt, qu'il paraît, d'après mes conférences au contrôle général, que nous devons avoir le plus grand espoir de voir cette demande obtenir un prompt succès. J'envoie par ce même courrier une copie de ce Mémoire à MM. les présidents des Assemblées de département, et je leur mande de le commuuiquer à ces Assemblées, et de me faire part, ainsi qu'à vous, Messieurs, de leurs observations.

» J'ai l'honneur d'être avec un sincère et inviolable attachement, Messieurs, votre très-humble et très-obéissant serviteur.

» Le vicomte de BEAUNE. »

P. S. — « Comme il paraît déterminé, Messieurs, qu'il n'y aura pas d'Assemblée provinciale cette année ; je ne sais plus à quelle époque il sera nécessaire que je retourne en Auvergne, et je me détermine à faire revenir mes gens. N'ayant aucune connaissance de vos délibérations depuis les dernières où j'ai assisté, je me restreindrai à ne suivre pendant mon séjour à Paris que l'affaire sur laquelle j'ai l'honneur de vous écrire aujourd'hui, et celles dont j'ai connaissance, d'après les délibérations de l'Assemblée provinciale. »

MÉMOIRE.

L'Assemblée provinciale d'Auvergne, dans sa séance préliminaire du 20 août 1787, ayant chargé M. le vicomte de Beaune, son président, de supplier Sa Majesté *de daigner déclarer à la province qu'elle entend que l'exécution du règlement du 8 juillet précédent, ne portera aucune atteinte au droit primitif et imprescriptible de l'Auvergne de s'assembler en Etats*, M. le vicomte de Beaune s'est adressé à M. le contrôleur général pour avoir une décision sur cet objet ; et le 5 octobre dernier ce ministre lui a mandé qu'il rendrait compte au Roi de cette demande, et prendrait ses ordres sur la réponse à y faire. Mais l'Assemblée provinciale d'Auvergne n'ayant eu pour objet, dans ses séances préliminaires, que de se compléter, nommer sa Commission intermédiaire, ses syndics et son greffier, cette demande paraissait étrangère à ses fonctions.

Le vicomte de Beaune, ayant fait part de cette réponse à l'Assemblée provinciale complète, cette Assemblée a, dans sa séance du 13 novembre dernier, arrêté d'adopter la réserve faite par l'As-

semblée préliminaire du 20 août précédent, et a ajouté : « La pro-
» vince d'Auvergne paraît d'autant plus fondée dans cette dé-
» marche que, non-seulement plusieurs réponses du roi nommé-
» ment à la Provence et au Hainault semblent l'y autoriser, mais
» encore qu'elle lui convient particulièrement, puisque, depuis les
» temps les plus reculés jusqu'au milieu du dernier siècle, elle n'a
» pas cessé de s'administrer elle-même. »

Cette délibération a été adressée à M. le contrôleur général ; mais il n'y a pas encore été répondu. Et Sa Majesté, ayant, par son arrêt du 8 août dernier, déclaré *qu'avant et pour la convocation des Etats généraux, il était nécessaire d'assembler les Etats provinciaux dans les provinces où ils existent, et de les rétablir dans quelques provinces où ils étaient suspendus*, le vicomte de Beaune croit devoir mettre sous les yeux de M. le directeur général des finances quelques renseignements et observations à l'appui de la demande formée par l'Assemblée provinciale d'Auvergne, relativement au droit de cette province de s'assembler en Etats.

On trouve dans les ordonnances du Louvre (1) la preuve que la province d'Auvergne jouissait depuis longtemps du droit de s'assembler en Etats, et que ces Etats particuliers ont député aux anciens Etats du royaume. Charles VII reconnut tellement ce droit, qu'en 1441, étant entré à Clermont, il y convoqua les Etats de la province pour leur faire connaître la véritable disposition des affaires, la mauvaise conduite de son fils et la déloyauté des seigneurs qui l'avaient séduit pour lui faire prendre les armes contre le Roi. Sur quoi, ces Etats se déterminèrent avec zèle à offrir corps et biens pour lui aider à soumettre les révoltés (2). Depuis cette époque, ces Etats ont continué de s'assembler et ils ont député aux Etats généraux de Tours en 1484, à ceux d'Orléans en 1560, à ceux de Blois en 1588 ; et les Etats particuliers de la Basse-Auvergne qui s'assemblèrent en 1614, envoyèrent des députés aux Etats généraux tenus à Paris la même année (3).

Les villes du royaume ayant député aux Etats-Généraux tenus à Tours en 1467, Clermont, Saint-Flour, Montferrand, Saint-

---

(1) *Vide :* Le Recueil de ces ordonnances, tome Ier, page 688 et 691. — La préface du 3e volume et le compte de Robert, de Riom, receveur général des subsides en Auvergne, de 1355 à 1360. Ce compte est en manuscrit à la Chambre des comptes de Paris.

(2) *Vide :* L'Abrégé chronologique des Etats-Généraux et les Mémoires de Boulainvilliers sur les Etats-Généraux, 10e lettre.

(3) *Vide :* L'Histoire d'Auvergne manuscrite qui se trouve à la Bibliothèque du Roi, tomes VI, VII et VIII.

Pourçain et Brioude, furent les seules villes d'Auvergne qui envoyèrent des députés à ces Etats (1).

Aux Etats de Tours tenus au mois de juillet 1484, les députés des Etats d'Auvergne furent annoncés comme représentant le bailliage de Montferrand, le Bas-pays et le Haut-pays d'Auvergne (2).

Et quoique aux Etats de Blois tenus en 1576 et 1577, les députés de la province d'Auvergne aient été annoncés comme représentant la sénéchaussée du Bas-pays d'Auvergne et les bailliages des montagnes d'Auvergne, les Etats particuliers de cette province n'en existaient pas moins, puisque Henri III rendit, dans ces Etats-Généraux, un arrêt du Conseil, par lequel il débouta la ville de Riom de sa prétention d'avoir chez elle les Etats particuliers de la province d'Auvergne, et il déclara que *ces Etats se tiendraient à Clermont.* Ce roi confirma cet arrêt par une déclaration du mois de juillet 1588, et, enfin, par un arrêt du Conseil du 29 novembre suivant, portant règlement entre les treize bonnes villes représentant le tiers-état du pays d'Auvergne et les syndics et communes du plat pays.

Une dernière preuve de l'existence de ces Etats particuliers à une date plus récente, c'est qu'en 1665 il se tint en Auvergne des Grands-Jours (3).

Ces renseignements seraient peut-être suffisants pour prouver à M. le directeur général la justice de la demande formée par l'Assemblée provinciale d'Auvergne, afin que cette province soit réintégrée dans son droit de s'assembler en Etats. Mais, pour convaincre M. le directeur général, non-seulement de l'avantage que retirerait la province d'Auvergne de la reddition de ses Etats, mais encore de la facilité qui en résulterait pour le choix des députés de cette province aux Etats-Généraux indiqués pour le mois de janvier prochain, le vicomte de Beaune aura l'honneur d'exposer à M. le directeur général :

1º. (Relativement à l'avantage résultant pour la province d'Auvergne d'avoir ses Etats.) — Que, suivant l'arrêt du Conseil du 5 juillet dernier, l'intention du Roi étant, *que le choix des députés de chaque province aux Etats-Généraux ne soit pas sujet à contestation, que le nombre de ces députés soit proportionné aux richesses et à la population de chaque province, et que les droits de certaines*

(1) *Vide* : La brochure intitulée : *Des Etats-Généraux et de leur convocation*, page 17.
(2) *Idem*, page 25.
(3) *Vide* : L'Abrégé de l'Histoire de France, par le président Hénault, tome II, page 730.

provinces ne soient pas compromis; il paraîtrait de la justice de Sa Majesté, de rendre à la province d'Auvergne ses Etats particuliers, puisque, d'un côté, cette province a toujours joui de ce droit et qu'elle doit être considérée dans ce moment comme une des provinces *où Sa Majesté a déclaré par son arrêt du 8 août dernier qu'il était nécessaire de rétablir les Etats provinciaux qui y étaient suspendus, et que, d'un autre côté, les Assemblées provinciales ne peuvent députer aux Etats-Généraux de même que les Etats provinciaux*, et qu'enfin la population de l'Auvergne formant, d'après les calculs même de M. le directeur général, environ le quarantième de celle du royaume, et la somme de ses impositions ordinaires formant environ le dix-septième de celles des pays d'Election, si la province d'Auvergne était mise au nombre des pays d'Election, elle aurait sans doute un nombre de députés aux Etats-Généraux moindre de celui qu'elle aurait si elle jouissait du droit de s'assembler en Etats, et, par conséquent, serait privée d'un droit essentiel et *imprescriptible*.

2º. (Relativement à la facilité que le rétablissement des Etats particuliers de la province d'Auvergne donnerait pour le choix de ses députés aux prochains Etats-Généraux). — Qu'il serait difficile de prendre les députés de cette province par bailliage ou ville, ainsi qu'il a été pratiqué dans les derniers Etats-Généraux (1); 1º. parce que plusieurs des villes d'Auvergne qui ont député aux Etats particuliers de cette province et aux Etats-Généraux du royaume, font actuellement partie d'une autre généralité (2); et que d'autres de ces villes, ou ont été réunies à d'autres villes de la province (3), ou ne sont plus que des hameaux; 2º. parce que plusieurs des bailliages de cette province qui ont député aux anciens Etats-Généraux, ou sont réunis à d'autres (4), ou sont réduits à un très-petit arrondissement (5), ce qui a même empêché les bailliages de Vic-en-Carladez et Salers de députer aux Etats-Généraux de 1614, attendu leur peu de facultés pour envoyer le nombre

---

(1) Il est à remarquer que la Basse-Auvergne n'a pas député par bailliages ni villes aux Etats de 1614, mais a envoyé des députés qui avaient été nommés dans des Etats particuliers qu'elle tint la même année à cet effet. (*Vide*: l'Histoire d'Auvergne ci-dessus citée qui est à la Bibliothèque du Roi).

(2) Aigueperse, Ebreuil, Saint-Pourçain, Cusset et Ris font partie du Bourbonnais.

(3) La ville de Montferrand est réunie à celle de Clermont.

(4) Le bailliage de Montferrand fut réuni à la sénéchaussée d'Auvergne en 1527.

(5) Tels que les bailliages de Vic-en-Carladez et Salers, situés dans la Haute-Auvergne.

de députés fixé pour chaque bailliage; 3º. enfin, et ce qui milite en faveur de la demande de cette province, c'est que l'Auvergne était autrefois divisée en deux parties, et qu'il est du plus grand intérêt qu'elle ne soit qu'une, *puisque la Généralité comprend la Basse et la Haute-Auvergne*. D'ailleurs, une nouvelle division de cette province ne pourrait se faire, pour le plus juste, que par diocèse, et l'Election de Brioude, qui est du diocèse de Saint-Flour, prétendant faire partie de la Basse-Auvergne, ferait sans doute naître des difficultés pour cette division par diocèse.

D'après toutes ces considérations, et pour éviter, suivant les intentions du Roi, *toute contestation sur le choix et le nombre des députés de la province d'Auvergne aux prochains Etats-Généraux*, M. le directeur général des finances jugera sans doute indispensable de faire rendre à cette province ses Etats, ainsi que le Dauphiné, la Provence, la Franche-Comté et le Hainault viennent de les obtenir.

Mais dans le cas où Sa Majesté jugerait à propos de suspendre toute décision sur cette demande jusqu'à la tenue des Etats-Généraux, le vicomte de Beaune pense que, pour faciliter et assurer le choix des députés de la province d'Auvergne à ces prochains Etats-Généraux, il serait nécessaire que ce choix fût fait par une Assemblée générale de trois cents personnes choisies dans les trois ordres de la province.

Cette Assemblée serait formée par des députés de chacune des Elections de la province qui en enverraient, savoir : celles de Clermont-Ferrand, Riom, Saint-Flour et Aurillac 48, dont 12 pour l'ordre du clergé, 12 pour celui de la noblesse et 24 pour celui du tiers-état; et les Elections d'Issoire, Brioude et Mauriac 36 députés, dont 9 pour l'ordre du clergé, 9 pour celui de la noblesse et 18 pour celui du tiers-état.

Pour cette députation de chaque Election, on ferait assembler dans le chef-lieu de l'Election :

1º. Tous les ecclésiastiques qui résident dans l'arrondissement de l'Election;

2º. Tous les nobles, seigneurs hauts justiciers et possesseurs de fiefs résidant dans le même arrondissement, et y payant vingtième et capitation.

3º. Un membre de chaque paroisse de l'Election qui serait choisi dans une Assemblée provinciale.

Ces trois ordres assemblés séparément choisiraient entre eux le nombre de députés que l'Election devait envoyer à l'Assemblée générale qui se tiendrait à Clermont-Ferrand pour élire les députés à envoyer pour la province aux Etats-Généraux, et pour donner à ces députés les pouvoirs nécessaires et toutes les instructions relatives à la situation de la province.

Le vicomte de Beaune est jaloux que ce plan mérite l'approbation de M. le directeur général des finances. Mais il a l'honneur de lui observer que la tenue des Etats-Généraux étant prochaine, il serait instant que M. le directeur général voulût bien faire donner une décision par Sa Majesté sur cet objet, et sur la demande formée par l'Assemblée provinciale d'Auvergne, à fin du rétablissement des Etats particuliers de cette province.

(Archives départementales. — Fonds de la Commission intermédiaire).

N° X.

Délibération de la Commission intermédiaire provinciale d'Auvergne, au sujet du procès verbal imprimé de l'Assemblée d'élection de Riom, 1788.

Séance du 28 janvier 1789.

Membres présents : L'abbé de La Mousse ;
　　　　　　　　　Le comte de Mascon ;
　　　　　　　　　M. Branche ;
　　　　　　　　　M. de Lastic et M. Reboul, procur. syndics.

« Un de Messieurs a proposé, sur le procès-verbal imprimé des
» séances de l'Assemblée du département de Riom 1788, le re-
» levé de quelques articles avec les observations à mi-marge comme
» s'ensuit :

Page 12 de l'imprimé.	Observations.
»	. . . .
» Dans une ville plus considérable, cet établissement... deviendrait infiniment dangereux pour les mœurs qui y seraient exposées.	L'apostrophe ci-contre est digne de la rivalité des deux principales villes d'Auvergne entre lesquelles la Commission provinciale n'a point à prendre parti. Le bureau du département devrait se mettre également fort au-dessus de toute prétention particulière.
»	. . . .

Page 64.

OBSERVATIONS.

» On voit par cet état d'indi-
» cation que les deux ateliers
» avant Pontgibaud ne sont pas
» présentés, en 1789, comme
» une charge pour l'Election de
» Riom, ainsi qu'ils l'ont été
» pour 1788.

» Pour plus d'ordre encore,
» il eût convenu que M. Sgan-
» zin se fût informé des limites
» des deux Elections de Riom
» et de Clermont, qu'il eût di-
» visé l'espace entre Pontgibaud
» et Pontaumur en deux ate-
» liers.

C'est au moins une preuve que la Commission a fait état des observations de l'année précédente, et que les ingénieurs ne sont pas aussi peu raisonnables que le bureau se le persuade. Le bureau insiste, avec bien de l'affectation, sur l'ancienne division par *Election* au lieu de celle ordonnée par *département*.

Pourquoi toujours des limites si rigoureusement recherchées entre deux départements qui travaillent sur des routes communes au même bien public de la province?

Le bureau de Riom serait-il prévenu de la puérile et fâcheuse rivalité qui divise le chef-lieu de ce département d'avec la principale ville.

Page 65.

(*Des Ateliers de charité.*)

» On ignore si plusieurs com-
» munautés ne se sont pas adres-
» sées directement à la Com-
» mission intermédiaire *qui peut*
» *avoir oublié* de faire passer au
» bureau leurs demandes et mé-
» moires à cet égard.

Si quelques communautés ont eu ce tort envers le bureau dont elles relèvent, la Commission prie le bureau de les traiter avec plus d'indulgence que le bureau n'a mis de réserve à soupçonner et à censurer publiquement *les oublis possibles de la Commission.*

Pages 70, 74, etc.

(*Conclusion de l'article précédent.*)

» . . . .
» Il est odieux que les choses
» se passent ainsi, et plus odieux
» encore qu'on ne puisse les

. . . .
Cette vive sortie qu'on ne peut excuser dans un ouvrage rendu public, à qui s'adresse-t-elle?

» faire corriger lorsqu'on en a » prévenu. Est-ce aux ingénieurs qui n'ont fait que suivre une méthode généralement adoptée, ou à la Commission provinciale, qui n'a rien à *faire corriger* dans cette partie du travail, qui déclare n'avoir pas été *prévenue*, quoi qu'en dise le bureau, et qui n'a pas même encore reçu en communication, à l'époque du présent mois de janvier, les projets de routes pour la campagne prochaine.

» La Commission, rendant hommage aux vues patriotiques et
» bienfaisantes qui se trouvent consignées au procès-verbal im-
» primé de Riom, ne peut qu'être infiniment sensible au ton de
» reproche et d'aigreur qui règne dans cet ouvrage. Elle regrette
» de ne pas y trouver des détails plus circonstanciés sur ce qui re-
» garde l'objet essentiel d'une Assemblée de répartition.

» Pourquoi, par exemple, après avoir reconnu qu'il est des col-
» lectes évidemment surchargées, ne pas leur accorder la satisfac-
» tion de traiter publiquement de leurs intérêts et de leur soula-
» gement? Un tableau comparatif de ces collectes, prises dans
» différents points de l'arrondissement, avec celles qui sont plus
» centrales et plus à portée des soins du bureau, aurait rendu plus
» sensible la véritable situation du département avec les propor-
» tions respectives des différentes collectes et eût fourni peut-être
» le seul moyen d'apprécier à leur juste valeur les plaintes bien ou
» mal fondées de presque toutes les municipalités de campagne
» contre les villes et leur banlieue.

» On regrette que le bureau, se déterminant à rendre public le
» travail de l'Assemblée du département, n'ait fait connaître que
» par une simple Note, page 37, le Mémoire annoncé sur la ré-
» gie et le commerce des cuirs.

» Pourquoi pas un mot des douanes qui entravent de tous côtés
» le département de Riom? non plus que sur le rapprochement
» fâcheux des gabelles voisines dont les postes se resserrent de plus
» en plus jusque sur le territoire de nos franchises?

» Ce sont tous les articles dont la Commission estime que l'As-
» semblée de Riom aurait dû s'occuper essentiellement et de pré-
» férence aux très-grandes questions de l'usure, de l'impôt unique,
» de la réduction du ressort du parlement, de la réforme des ma-

» gistrats et autres objets de législation générale qui semblent
» trop éloignés de la compétence du bureau de département.

» Toutes lesquelles observations sur les articles ci-dessus ont
» été adoptées par la Commission, qui a, de plus, arrêté d'en
» adresser copie ainsi que de la présente délibération à M. le mar-
» quis de Laqueuille, président de ce département.

» Arrêté en outre d'écrire au bureau et à M. le président, pour
» témoigner la juste et vive sensibilité de la Commission aux
» plaintes consignées dans cet imprimé, en représentant au bu-
» reau et à M. le président que dans le cas même où ces plaintes
» du département auraient été fondées et sans réplique, les dé-
» putés qui composent ladite Commission se seraient encore flattés
» d'avoir droit à plus d'égards ; et que, sans prétendre qu'il n'ait
» pu échapper aucune omission dans leur correspondance avec les
» bureaux, ils croiraient n'avoir pas mérité d'être publiquement
» censurés par Messieurs du département.

» Arrêté pareillement qu'en envoyant au bureau et à M. le
» président les articles ci-dessus, il sera de plus observé que si la
» Commission s'abstient de rendre publique à son tour par la voie
» de l'impression ses réponses au département de Riom, c'est uni-
» quement pour ne pas laisser transpirer hors de sa correspon-
» dance des discussions de famille pénibles à traiter, mais non
» capables d'altérer l'union fraternelle et dont il serait encore plus
» fâcheux d'instruire le public.

» Et enfin, que le bureau de Riom sera très-expressément in-
» vité à mettre plus de confiance dans ses rapports avec la Com-
» mission. »

Suivent les signatures.

(Extrait du registre n° 2 des délibérations de la Commission intermédiaire provinciale d'Auvergne, folio 135 et suivant. — Archives départem.)

N° XI.

Lettre et brochure adressées par la Commission intermédiaire de la Haute-Normandie à la Commission intermédiaire d'Auvergne.

« Rouen, le 3 septembre 1789.

» Messieurs,

» Nous avons l'honneur de vous adresser un exemplaire de
» l'arrêté que les circonstances nous ont forcé de prendre et de la

» lettre que nous avons cru devoir écrire à nos départements.
» Nous croyons que vous éprouverez des malheurs pareils aux
» nôtres et que vous voyez avec regret que de toutes parts la
» chaîne de l'administration se brise. Les conséquences en se-
» raient trop funestes pour tous si les bons citoyens ne faisaient
» pas leurs efforts pour rétablir les véritables principes sur les-
» quels doit être fondée la juste liberté des peuples. Nous avons
» pensé, Messieurs, que ces principes sont conformes aux vôtres,
» et que, guidés par les mêmes vues, nous ne différons pas sur
» la manière de penser.

» Nous avons l'honneur d'être, avec un inviolable attache-
» ment, Messieurs,

» Vos très-humbles et très-obéissants serviteurs.

» *Les Députés composant la Commission intermédiaire de*
» *l'Assemblée provinciale de la Haute-Normandie.* »

Suivent les signatures.

Arrêté de la Commission intermédiaire de l'Assemblée provinciale de la Haute-Normandie (1).

Du 3 septembre 1789.

La Commission intermédiaire considérant que, quoique les fonctions dont elle est chargée soient spécialement de faire exécuter les décrets de l'Assemblée provinciale, elle n'en est pas moins obligée, sous le double rapport d'Assemblée de citoyens et de corps administrant, d'employer tous ses efforts pour rétablir l'ordre et la perception interrompue dans la plus grande partie des villes et bourgs de la Généralité; que certainement des objets d'une si haute importance n'eussent pas manqué d'attirer toute la considération et la sollicitude de l'Assemblée provinciale si elle eût été réunie, et conséquemment que la Commission intermédiaire concourra à ses vues bien connues, en s'en occupant sans relâche, comme sans délai; que c'est d'ailleurs le moyen de s'unir aux travaux de l'Assemblée nationale dont les Assemblées provinciales émanent naturellement, que de rétablir le calme dans l'Etat et la paix parmi le peuple, puisque ce n'est que cet état de choses qui peut laisser à l'Assemblée nationale le libre exercice de toutes les facultés qu'elle veut déployer pour le bonheur de la France.

Pénétrée de ces vérités, la Commission intermédiaire arrête :
1º. Que tous les bureaux intermédiaires seront invités d'em-

(1) 7 pages in-12 de l'impr. de Seyer et Behourt, rue du Petit-Puy, à Rouen.

ployer tous leurs efforts pour calmer les esprits et les ramener au système d'ordre, sans lequel une nation ne saurait subsister ;

2º. Qu'ils prendront connaissance exacte de tous les abus qui pourraient exister dans l'étendue de leur département, afin d'en instruire sans délai la Commission intermédiaire qui prendra les mesures les plus efficaces pour y remédier ;

3º. Qu'à cet effet les bureaux intermédiaires s'occuperont d'avoir une correspondance assidue avec toutes les municipalités de leur département, pour être toujours à même de prévenir ce qui pourrait se passer de contraire à l'ordre, ou tout au moins d'y remédier, et afin encore que les grandes villes ne soient pas les seules à jouir de l'avantage que leur procure l'existence active des corps municipaux ;

4º. Que pour prévenir les maux qui résulteraient d'un surhaussement du prix du blé, ce qui serait l'effet inévitable de toute opération qu'on pourrait se permettre pour empêcher la circulation intérieure d'une denrée de cette importance, ainsi que de toute entrave par laquelle on prétendrait enchaîner les laboureurs, les bureaux intermédiaires veilleront avec le plus grand soin à ce qu'il ne puisse être fait aucun accaparement, et à ce que les laboureurs qui portent leurs grains au marché trouvent partout sûreté, assistance et protection ;

5º. A cet effet, et pour empêcher le retour des maux causés par l'imprévoyance, toutes les municipalités s'occuperont de se procurer, par l'appréciation la plus juste, un état de la récolte, afin qu'on puisse en faire la comparaison avec les besoins, et par ce moyen solliciter à temps des secours, s'il en est nécessaire ;

6º. Que les commandants des milices bourgeoises seront invités à faire faire des patrouilles dans les campagnes, à l'effet de protéger les transports des grains dans les marchés publics, assurer toute espèce de perception, garantir les propriétés et maintenir partout le bon ordre.

7º. Que le présent arrêté sera envoyé à tous les départements, pour être par eux adressé aux différentes municipalités et affiché partout où besoin sera.

Fait et arrêté à la Commission intermédiaire de la Haute-Normandie, le 3 septembre 1789.

Signé : GOYON, *vicaire-général*, — DAMBOURNAY, — GUEUDRY, — D'HERBOUVILLE.

(Archives départementales du Puy-de-Dôme).

N° XII.

Arrêté de la Commission intermédiaire provinciale d'Auvergne.

Du 19 septembre 1789.

Les députés composant la Commission intermédiaire provinciale d'Auvergne :

Instruits que, dans plusieurs cantons de divers départements de cette province, le calme et l'ordre public ne sont pas parfaitement rétablis, que des particuliers, même quelques municipalités, se sont permis des voies de fait contre leurs concitoyens, contre des officiers de justice, contre des préposés à la perception des impôts ou agents de la ferme générale ;

Après que Messieurs les procureurs, syndics provinciaux ont eu mis sur le bureau plusieurs lettres qui confirment à cet égard les justes plaintes de la Commission ;

Persuadés que le peuple d'Auvergne, essentiellement honnête, laborieux et fidèle, s'il a pu être induit à de fausses démarches par erreur ou par l'effet d'*une alarme aussi subite que générale* (1), n'aurait besoin, pour rentrer dans l'ordre et reprendre ses pacifiques travaux, que d'être rappelé aux instructions et décrets que l'Assemblée nationale a pris soin de faire circuler pour le rétablissement de l'ordre public et pour maintenir le recouvrement provisoire des impôts ;

Convaincus que le bien public et la régénération même la plus désirable ne saurait être opérée dans les crises de l'insubordination et de l'anarchie ;

Considérant que, lorsqu'après l'hommage fait à la patrie des sacrifices les plus indéfinis par tous les ordres de l'Etat, les représentants de la plus généreuse nation travaillent, au conspect de l'univers, à concilier le soulagement des peuples avec l'honneur de la nation, l'intérêt des créanciers de l'Etat, l'amour du souverain et le bonheur de tous, notre confiance en leur zèle devrait être sans bornes, l'espoir de leurs succès et l'attente du résultat de leurs travaux, sans impatience de notre part : nulle inquiétude que pour nous préserver nous-mêmes d'une fermentation dangereuse qui éloignerait de nous le calme et serait un obstacle au bien qu'on nous prépare ;

(1) Allusion à la *grande peur*.

Considérant que si la perception actuelle des impôts, en attendant le bienfait d'une répartition plus exacte, éprouvait des retards affectés ou des contraventions multipliées, l'administration se trouverait, au détriment de la province, hors d'état de faire face aux dépenses publiques : les travaux seraient suspendus ; le cours des bienfaisances interrompu ; les sources d'amélioration taries, et tous moyens de soulagement dans les calamités publiques détruits ;

Avons arrêté d'écrire à chacun des bureaux intermédiaires des départements de cette province, pour, par eux, en réunissant leur zèle à celui de la Commission provinciale, à l'exemple des administrations de Rouen, de Nancy, de Villefranche et de la ville de Milhau, inviter les municipalités de leurs districts à une confédération d'honneur, de vertu, d'humanité et de respect pour les lois : leur observer qu'appelés à la liberté et non à la licence, les particuliers ne peuvent, dans aucun cas, prétendre le droit de se faire à eux-mêmes justice par voie de fait, au mépris des lois et des tribunaux ; que les horreurs d'une telle anarchie seraient mille fois plus redoutables que les inconvénients du régime arbitraire ;

Qu'enfin, le désordre particulier des finances de la province ou d'un département, si la perception courante des impôts pouvait être interrompue, ajouterait au malheur des temps, et, à la dette nationale, un surcroît de charges particulier à la province, au département et aux collectes qui devraient tôt ou tard en supporter le rejet;

Et, en conséquence, pour appuyer la présente délibération de tout notre pouvoir, nous déclarons que tous particuliers, toutes communautés qui se permettraient aucun excès, aucune infraction à l'ordre public, aucune entreprise sur la vie, l'honneur ou les propriétés des citoyens, qui refuseraient d'obéir à tous officiers investis d'une portion de l'autorité légitime, de payer les impôts existants, confirmés par l'Assemblée nationale, ou d'adhérer aux décrets des Etats-Généraux, revêtus de la sanction du Souverain, qui donneraient enfin à la province le scandaleux exemple d'une conduite illégale ou séditieuse, seront par nous publiquement dénoncés à la prochaine Assemblée de la province ;

Et que cependant, pour ne point rendre de tels abus profitables aux contrevenants, la Commission intermédiaire provinciale déclare qu'elle ne croirait pas pouvoir, dans les cas ci-dessus expliqués, faire participer lesdites communautés ou particuliers réfractaires aux bienfaits d'aucun genre de distribution dont elle aurait à disposer sur les fonds publics de la province.

Et sera envoyé à tous les départements pour être, par eux, adressé aux différentes municipalités et affiché partout où besoin sera.

Fait et arrêté à la Commission intermédiaire provinciale d'Auvergne, à Clermont-Ferrand le 19 septembre 1789.

Signé : L'abbé DE LA MOUSSE, PERRET et
REBOUL, *procureur syndic provincial.*

Et plus bas : Par la Commission intermédiaire,

NOURRY.

(Archives départementales du Puy-de-Dôme).

FIN DES PIÈCES JUSTIFICATIVES.

TABLE DES MATIÈRES

	Pages.
Préface	v
Introduction	1

PREMIÈRE PARTIE.

Chapitre Ier. — Création de l'Assemblée provinciale	9
Chap. II. — Assemblée préliminaire	20
Chap. III. — Premières réunions des Assemblées d'Élection.	29

SECONDE PARTIE.

Chap. I. — Opérations préliminaires. — Division en bureaux.	40
Chap. II. — Travaux de l'Assemblée. — Comptabilité et règlement	42
Chap. III. — Travaux de l'Assemblée (suite) : Impôts	45
§ i. — Taille	46
§ ii. — Vingtièmes	61
§ iii. — Capitation	72
Chap. IV. — Travaux de l'Assemblée (suite) : Ponts et chaussées	75
Chap. V. — Travaux de l'Assemblée (suite) : Agriculture, commerce, bien public	82
§ i. — Agriculture	82
§ ii. — Industrie, commerce	85
§ iii. — Bien public	91

TROISIÈME PARTIE.

Chap. I. — La Commission intermédiaire en 1788	97
Chap. II. — Dernière session des Assemblées d'Élection	109
Chap. III. — La Commission intermédiaire en 1789-1790. Fin de la Commission intermédiaire	126

PIÈCES JUSTIFICATIVES.

No 1. — Sollicitations de Clermont pour devenir le siége de l'Assemblée provinciale	141

N° 2. — Procès-verbal de la visite rendue par le Corps de ville de Clermont à l'Assemblée provinciale............. 143

N° 3. — Mémoire du Corps de ville de Clermont pour réclamer le droit de nommer ses officiers municipaux........ 147

N° 4. — Lettres concernant un ouvrage anonyme du sieur Mabru... 152

N° 5. — Lettre de l'intendant d'Auvergne au sujet des vingtièmes... 153

N° 6. — Extrait du procès-verbal d'Issoire. — Détail des droits perçus sur les vins expédiés à Paris............. 155

N° 7. — Tableau des modifications faites, par un ordre du Gouvernement, dans le texte du procès-verbal de l'Assemblée provinciale....................................... 157

N° 8. — Mémoire de la ville de Clermont-Fd sur le lieu où se réunissaient les États provinciaux d'Auvergne........ 162

N° 9. — Lettre et mémoire de M. de Beaune sur les États provinciaux... 166

N° 10. — Délibération de la Commission intermédiaire provinciale au sujet du procès-verbal imprimé de l'Assemblée d'Élection de Riom en 1788........................ 172

N° 11. — Lettre et arrêté de la Commission intermédiaire de la Haute-Normandie................................. 175

N° 12. — Arrêté de la Commission intermédiaire provinciale d'Auvergne pour prévenir les troubles................. 178

FIN DE LA TABLE.

Clermont, typ. Ferdinand Thibaud.

www.ingramcontent.com/pod-product-compliance
Lightning Source LLC
Chambersburg PA
CBHW060519090426
42735CB00011B/2300